企业培训部全程运作一本通

培训部作业指导手册

◎ 涂高发　编著

★清晰的管理体系 ★实用的管理工具

★系统的部门手册 ★可视的系统工具

SPM
南方出版传媒
广东经济出版社
·广州·

图书在版编目（CIP）数据

企业培训部全程运作一本通：培训部作业指导手册/ 涂高发编著. —广州：广东经济出版社，2017. 3
ISBN 978 - 7 - 5454 - 5165 - 8

Ⅰ. ①企… Ⅱ. ①涂… Ⅲ. ①企业管理—职工培训—手册Ⅳ. ①F272. 921—62

中国版本图书馆 CIP 数据核字（2016）第 317925 号

出 版 人：姚丹林
责任编辑：李惠玉
责任技编：谢　莹

出版发行	广东经济出版社（广州市环市东路水荫路 11 号 11 ~ 12 楼）
经销	全国新华书店
印刷	茂名广发印刷有限公司 （茂名市计星路 60 号大院）
开本	787 毫米 ×1092 毫米　1/16
印张	11　1 插页
字数	171 000 字
版次	2017 年 3 月第 1 版
印次	2017 年 3 月第 1 次
书号	ISBN 978 - 7 - 5454 - 5165 - 8
定价	26. 00 元

如发现印装质量问题，影响阅读，请与承印厂联系调换。
发行部地址：广州市环市东路水荫路 11 号 11 楼
电话：（020）38306055　37601950　邮政编码：510075
邮购地址：广州市环市东路水荫路 11 号 11 楼
电话：（020）37601980　营销网址：**http://www.gebook.com**
广东经济出版社新浪官方微博：**http://e.weibo.com/gebook**
广东经济出版社常年法律顾问：何剑桥律师

前　言

工厂管理，就是一个制造场所，导入各种有效的生产资源，通过计划、组织、用人、指导、控制等活动，使工厂所有部门，如期达成预定的管理目标。管理目标的顺利实施和完成，需要各部门的通力合作和各部门各项工作的有效运作才能实现，如何明确本部门的各项职责并能使之有效地发挥作用，这就是目前摆在各部门经理和负责人面前的主要工作。

由于我国制造业的特色仍以劳动密集型为主，管理人员的整体素质仍然不能达到发达国家管理人员的水平，同时高强度的工作、低廉的工资无暇使他们去脱产学习和进修，那么就必须提供一些完善、成熟的管理范本供他们参考，以解决他们所需的知识。

“制造业部门作业指导手册”系列丛书就是基于以上原则，通过部门分类，采用层级设置，由部门所在位置展开，明确部门和岗位职责，规划部门作业流程，建立部门管理制度，辅以部门支持性文件(表单)，是一套部门管理人员、操作文员的实用工具书。

本书特色：

◇ **清晰的管理体系：**丛书参照全球通用的ISO9001：2008质量管理体系框架进行层级设置，分五个层级讲述，一级文件部门设置，二级文件岗位职责，三级文件作业流程，四级文件作业文本，五级文件作业表单。

◇ **实用的管理工具：**每本图书针对本部门所需要的、常用的管理工具进行了分类设置，便于使用者查询，同时抛弃了传统的文件格式，采用企业运行过程中使用的标准管理格式进行编制，使用者局部修改即可使用。

◇ **系统的部门手册：**丛书基本涵盖了工厂的各个职能部门，针对行政、人事、培训、研发、生产、品质、采购、仓储、物控、市场、销售及售后服务等各部门工作都给出了详细的规范化的工具，并使用职责、制度与表格相结合，流程与方案相呼应的方式，是部门进行规范化管理的工作手册。

◇ **可视的系统光盘**：本套丛书配有系统光盘，把部门已经固化了的也是最常用的部门岗位职责、管理流程、管理制度、管理表格精选出来，供使用者阅读、检索、打印。

本套丛书共十二本，主要以部门架构为脉络组成，涵盖企业的多个部门：销售部、市场部、研发部、生产部、品质部、采购部、物控部、仓储部、售后服务部、人力资源部、行政部、培训部。

在本套丛书的编辑整理过程中，获得了许多朋友的帮助，其中参与编写和提供资料的有史立宣、刘创景、刘建伟、谷祥盛、李政、李亮、陈锦红、姜宏峰、杨吉华、严凡高、王能、陈小兵、杨丽、吴定兵、段水华、朱少军、李冰冰、赵建学、江美亮、唐永生，在此对他们一并表示感谢！

目 录

第一章　培训部组织设置

第二章　培训部岗位职责

第三章　培训部作业流程

第四章　培训部作业文本

第五章　培训部作业表单

第一章

培训部组织设置

一、了解培训部所处的位置

培训如今已成为生产制造企业经营中一个不可缺少的环节。培训是指企业改变员工的价值观、工作态度和工作行为，使员工能在现在或将来的工作岗位上表现出达到企业的要求而进行的一切有计划、有组织的活动。培训部正是通过一系列的协调和管理从而使这一目标得以实现的。随着生产制造企业对培训工作重视程度的不断加强，大多数生产制造企业都相继设置了培训部。由于每个生产制造企业发展规模与所处发展阶段的不同，故其组织管理形式也不尽相同。

通常而言，生产制造企业常见的组织形式如下图所示：

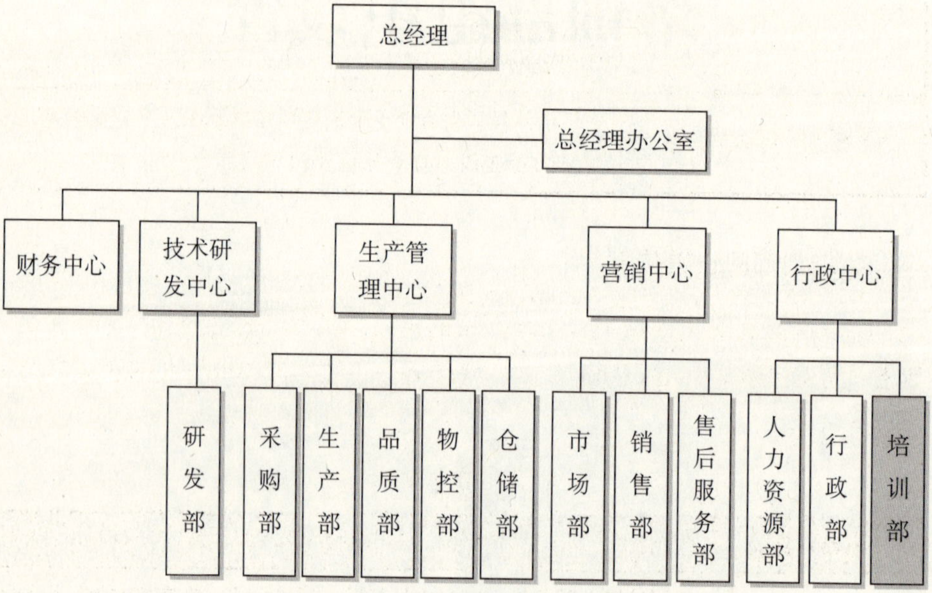

企业组织结构图

二、培训部的设置规划

1. 培训部的设置原则

作为企业全部培训活动的总策划及总指导，决策者在设置培训部时，应遵从以下几个方面的原则：

培训部的设置原则

设置原则	具体内容
职权明确，层次分明	(1)遵循职权明确、层次分明的原则，确定每一层次人员的岗位职责 (2)授予完成这一职责的管理权限 (3)根据各个工作环节的关系，确定每个层次的人员配置，做到少而精，避免人浮于事、因人设岗
管理幅度合理，统一指挥	(1)设置培训部门时要考虑管理幅度，即一名管理者及督导能管理的合适人数。管理幅度与企业的规模、管理者的素质和能力、管理者的技能和经验等有直接关系 (2)如果管理幅度设计不合理，将会出现管理的空白点或越权管理的现象 (3)管理幅度适宜可以避免多头领导，不至于让下属无所适从
信息畅通，提高工作效率	培训部的设置要有助于保证各项信息准确、及时地流通，这对提高管理效率有十分重要的作用

2. 培训部的设置依据

培训部是企业员工培训与人才开发的核心。虽然不同的企业其培训部的设置有一定的差异，但无论哪种形式，决策者在设置培训部时均应考虑以下几个方面的因素：

培训部的设置依据

设置依据	具体内容
培训部在企业管理中的地位和作用	(1)培训部是推动企业文化建设，促进企业战略实施和效益提升的管理部门；是促进企业形成核心竞争力，超前培养所需人力资源，为员工个人发展提供机会和空间的实施部门；是评估培训效果、提升服务质量的督导部门 (2)建立培训部的作用是促使全体员工对企业的经营战略目标达成共识，让部门时刻掌握员工的职业教育和培训发展需求，规范员工个人的培训发展规划及实施方案，对比分析培训投资与实际效益，不断提高培训效益，为企业和个人的共同发展创造条件

（续表）

设置依据	具体内容
培训部在企业管理中的地位和作用	(3)培训部的地位和作用通常是根据人力资源管理战略水平而定的。如果企业的人力资源管理仍停留在人事管理向人力资源管理的转变阶段，培训将不会受到管理者的重视，培训部处于可有可无的状态；当人力资源管理向战略人力资源管理转变时，企业会将员工培训与发展作为人力资源开发的重要内容，培训部将受到空前的重视
企业的规模和经营方式决定了培训部的设置形式	(1)企业的规模和市场目标决定了企业的经营方式和服务等级，也决定了对从业人员的素质和技能要求 (2)大中型企业员工数量多，岗位种类多，服务标准高，人员流动频繁，培训任务重，这样的企业一般都设有独立的培训管理部门 (3)小型企业员工数量不多，服务标准不高，人员流动缓慢，一般不设立单独的培训管理部门，培训工作只作为某个岗位的一项职能

三、培训部的设置模式

在不同的企业，由于培训部所承担的职责不同，所以其设置模式也不尽相同。通常而言，培训部设置的主要模式有以下几种：

1. 集团培训中心、教育发展中心

大型的企业管理集团根据其业务发展的需要、培训需求的多样性以及培训工作面临的挑战等因素成立了培训中心，有的还成立了大学。该模式采取独立经营、自负盈亏的经营管理方式，将教育和培训拓展到外延性经营，为企业外部的企业提供教育发展等方面的服务。集团培训中心或大学既担负着课程设计和开发工作及教材的选择和开发工作，还要为企业的各个部门、客户、合作伙伴、员工、管理者提供源源不断的课程教育。

培训中心或大学的组织形式较为庞大，主要形式有：

(1)集团培训中心或教育发展中心组织机构形式。

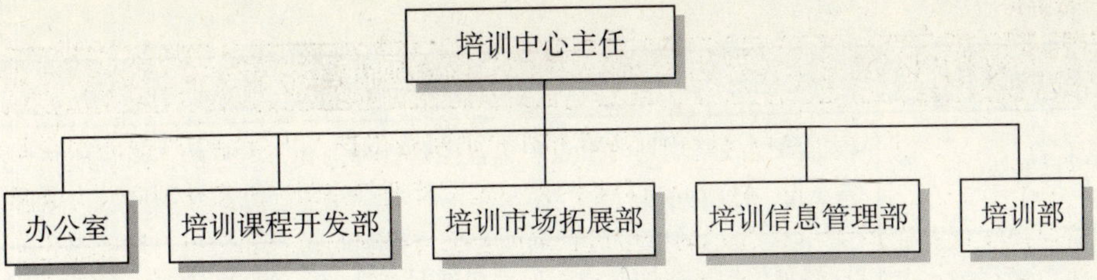

集团培训中心或教育发展中心组织机构图

(2)集团大学组织机构形式。

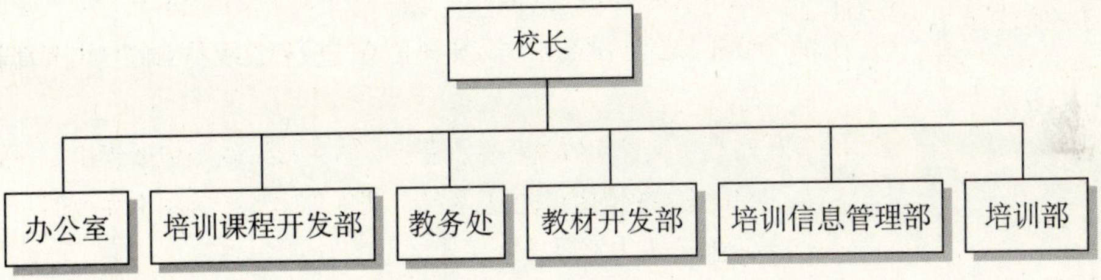

集团大学组织机构形式图

以上两种组织机构形式较为常见，其特点都是根据集团培训中心或大学的基本职能和教学管理要求而确定的。其各部门的具体职责如下表所示：

集团培训中心或集团大学培训组织部门职责

部门	具体内容
培训市场拓展部或教务处	(1)与集团中各个单位的人力资源开发部门保持密切的沟通与合作 (2)定期分析组织现状与组织目标的差距，判断这些差距中有哪些可以通过培训的方式解决，以此来确定组织的培训需求 (3)为组织的发展提供咨询和培训方案
培训课程开发部	(1)在充分掌握培训需求的前提下，进行培训课程的设计、开发、改编或采购 (2)负责培训课程的实施、训导师的资格认证和管理、教材的采购和打印、教学设备的安排与管理、核心培训项目的管理等工作

（续表）

部门	具体内容
教材开发部	根据集团战略规划的重点和企业经营管理形式，有目的、系统地开发适合本集团培训教材的工作
培训信息管理部	(1)负责培训信息的发布，培训课程的安排，学员培训登记、管理、评估和档案管理等工作 (2)负责全球网络培训课程和信息资源共享等方面的工作

2. 企业中的独立培训组织形式

大型企业一般在两个部门之上设置一个领导职位进行组织协调工作，具体如下图所示：

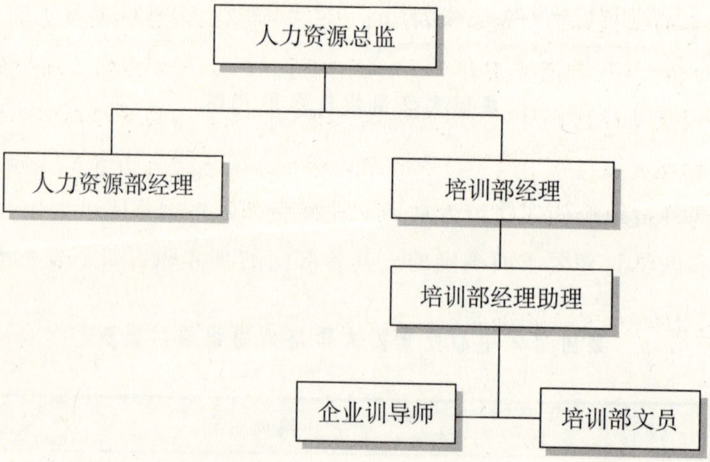

独立培训组织形式图

说明：独立形式的培训组织与企业的人力资源部同处于一个管理层次，是密切合作的两个部门。人力资源部负责制定企业人力资源发展战略、人才规划、员工个人职业生涯发展规划等；培训部以该规划为依据制订企业培训计划并负责实施，同时还要负责培训效果的评估和相关培训政策的制定等工作。由于两个部门是平行、平级部门，部门之间的沟通协调就显得十分重要。

3. 企业人力资源部下属的培训组织形式

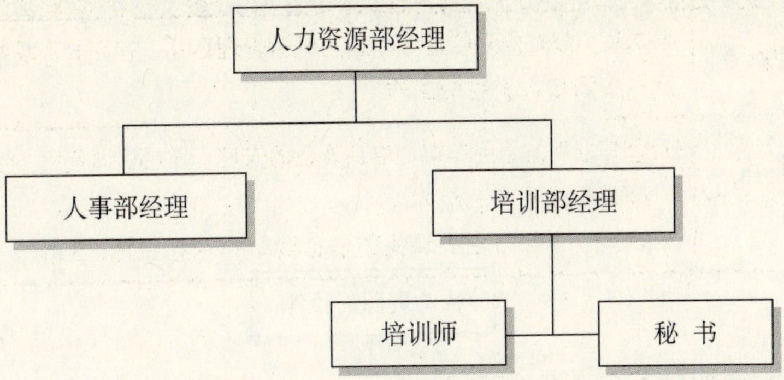

人力资源部下属的培训组织形式图

说明：人力资源部下属的培训组织形式是将培训部设在人力资源部之下，成为人力资源部的二级部门，也称为B级部门。培训部经理接受人力资源部经理的领导。这种组织机构配置类型好的方面是有利于形成一个协调、统一的培训组织，增强培训效果评估和培训政策制定及执行的力度；但这种培训组织形式令培训在企业中的战略地位没有得到充分体现，培训只是人力资源部工作的一部分，培训的连续性和培训的保障工作将受到很大的制约。

4. 企业中的培训专职形式

(1)形式一：

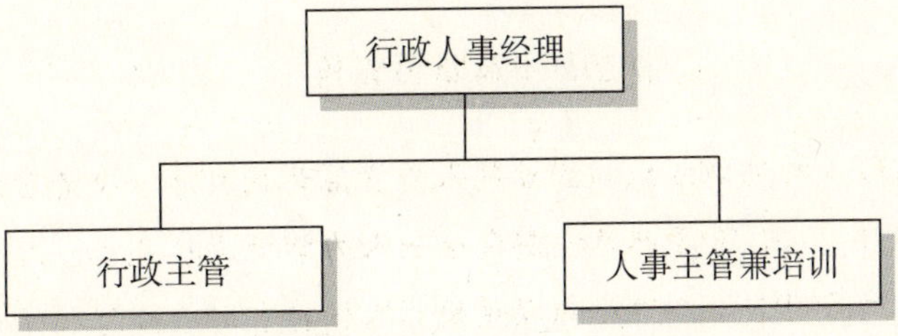

培训专职形式（一）

说明：小型的普通企业员工数量不多，培训任务较轻，一般不需要设置专门的培训机构。培训工作通常是由培训师专职完成或作为某个岗位的一项职责。如上页图中行政人事部的人事主管一职，除了具体负责企业的人事工作外，还承担人员培训职责。

(2)形式二：

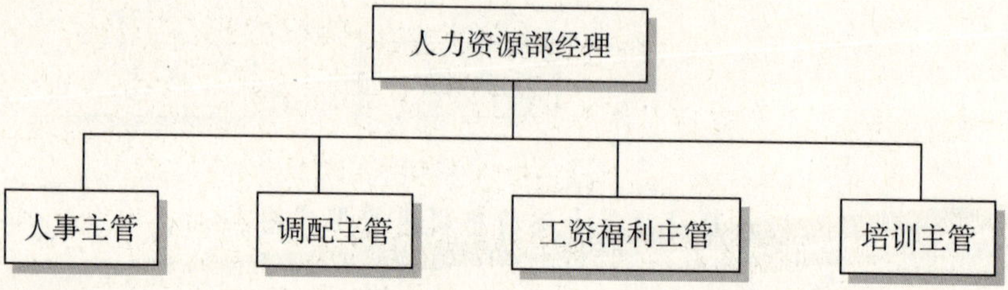

培训专职形式(二)

说明：上图形式是在人力资源部之下设置培训主管，承担企业的培训工作，这种设置形式只能完成一般的入职培训工作。

第二章

培训部岗位职责

一、培训部职责划分

通常，培训部职责的划分形式如下图所示：

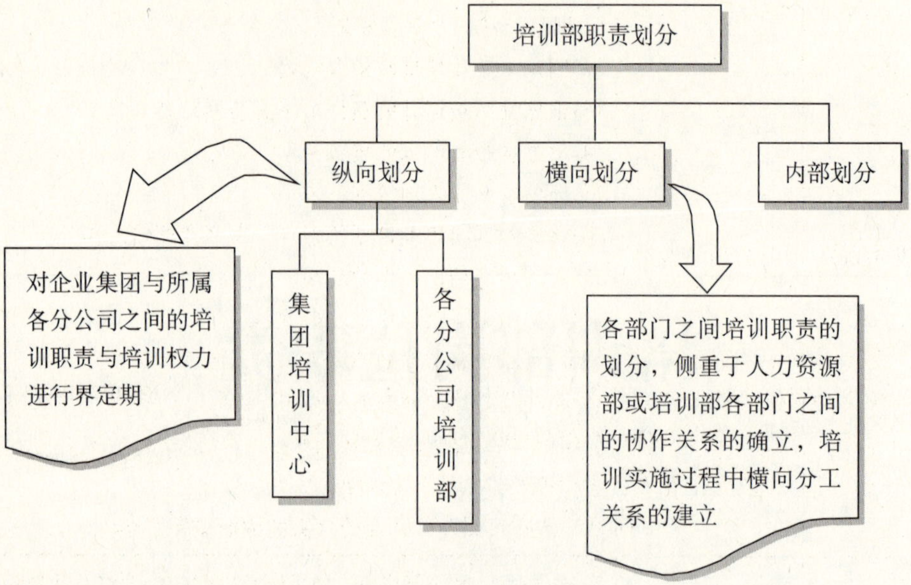

培训部职责划分图

说明：培训部职责的划分形式具体见下表。

培训部职责划分形式

划分形式	部门	具体职责
纵向划分	集团培训中心	(1)制定集团培训战略和人才开发规划 (2)制定集团培训政策和制度 (3)制订集团培训计划 (4)制定集团培训效果评估标准 (5)集团培训预算与管理 (6)举办全集团共性培训课程和关键岗位管理课程培训 (7)审批集团外派培训项目 (8)负责建立集团培训信息管理系统和实施网络培训

(续表)

划分形式	部门	具体职责
纵向划分	分公司培训部	(1)根据集团的培训战略和人才开发规划，制定本企业的培训战略和人才开发规划 (2)制定本企业培训政策和制度 (3)根据集团培训计划制订本企业培训计划 (4)举办本企业内部的培训 (5)评估本企业内部培训效果 (6)督导各部门培训计划的拟订、实施和评估工作 (7)负责年度培训工作的总结 (8)负责制定本企业年度培训预算工作 (9)负责本企业训导师的选聘、培训和管理工作 (9)负责通用性教材的编写和修改工作 (10)负责建立培训信息管理系统 (11)负责建立员工培训档案 (12)负责集团培训计划的落实和沟通协调工作
横向划分	各部门	(1)根据企业的培训战略，负责制订本部门年度培训计划和呈报工作 (2)负责本部门专业培训规范的制定和修改工作 (3)负责本部门专业培训教材的编写和修改工作 (4)负责本部门专业培训课程的实施、评估和培训成果转化工作 (5)负责培训结束后的实操指导和服务质量监督工作 (6)负责训导师的推荐工作 (7)负责建立本部门培训信息管理系统
内部划分	各级训导师	总经理是总训导师，人力资源部经理或培训部经理是执行训导师，部门经理是训导师，各级主管是分部门训导师。这些人应是不同层级的合格训导师，能够履行各层次的培训职能，充分发挥培训在企业发展战略和经营管理中的作用

二、培训部工作流程

培训部的工作流程具体如下图所示：

流程图	流程详述
培训部 ↓ 收集并分析培训信息① ↓ 制订培训计划② ↓ 组织实施培训③ ↓ 评估培训效果④ ↓ 实施培训效果转化⑤	①进行培训需求信息的收集，并将收集到的信息进行分析 ②弄清培训计划的种类，比如，是长期还是中期或短期 ③组织相关部门及人力对培训计划做好实施 ④对培训计划的可行性和有效性进行评价，以衡量培训是否有效 ⑤将培训中所学到的知识、技能、态度等持续地运用到工作过程中

培训部工作流程图

三、培训部岗位说明

岗位说明包括岗位职责及任职条件两个方面。

1. 岗位职责

岗位职责描述一	岗位职责用来规定某一具体岗位承担者必须完成的任务及胜任这一岗位所需要的能力和经验等
岗位职责描述二	不同规模和类型的企业，岗位职责差异较大。制定岗位职责时要做到量体裁衣，适合本企业工作的具体需要。岗位职责要随着工作任务的改变及时进行修订
岗位职责描述三	每个岗位都要有本岗位职责说明书，使员工在接受这一岗位工作时明晰自己的责任、任务、权利和承担这项工作应具备的条件。岗位职责说明书也是管理者评估各岗位工作的具体标准

岗位职责描述

2. 任职条件

任职条件是用来规定胜任某一岗位或职务所需要的能力要求。它一般包括以下几项内容：

基本素质	主要规定胜任某岗位的基本素质要求
文化程度	在企业中任职，一般要求文化程度为高中以上，不同的级别有不同的文化程度要求
语言文字能力	根据岗位要求，确定语言种类及熟练程度，并对文字表达能力提出明确的要求
专业知识	不同的岗位应有不同标准的专业知识和技能要求
工作经验或经历	根据岗位职责要求，明确规定所需工作经验和经历的具体年限
其他要求	根据岗位、职务不同，要求任职员工具备除上述五项必备能力之外的附加能力，如熟知政策法规知识、通晓管理知识，有组织协调能力、决策能力、社会活动能力、营销能力等

任职条件描述

3. 培训部各岗位职责及任职条件范本

培训部经理岗位职责及任职条件

<table>
<tr><td rowspan="2">职位名称</td><td rowspan="2">培训部经理</td><td>直接上级</td><td>主管副总经理或人力资源总监</td></tr>
<tr><td>直接下级</td><td>经理助理或训导师</td></tr>
<tr><td colspan="4">(一)工作内容</td></tr>
<tr><td colspan="4">1.建立企业培训体系、促进企业经营管理战略实施的职责
(1)负责制定企业的培训战略和培训目标
(2)负责建立企业的培训文化并推动其发展
(3)负责为部门培训提供支援
(4)负责建立开放式的培训信息系统
(5)负责开发并合理利用培训资源
(6)负责建立企业的培训体系</td></tr>
</table>

（续表）

(7)负责建立并管理培训组织 (8)负责制订培训政策和管理制度 (9)负责开发超前的培训供应系统 (10)负责组织培训评估 **2.组织、落实企业的培训计划** (1)负责实施培训需求调查 (2)负责制订企业整体培训计划 (3)负责组织培训计划的实施 (4)负责全面评估培训效果 (5)负责配合训导师实施培训课程 (6)负责合理使用和分配培训资源 (7)负责提供和收集培训信息 (8)负责编制培训预算 **3.实施培训** (1)负责培训需求分析，制订培训课程计划 (2)负责培训课程及培训技术的开发 (3)监督、配合培训课程的实施 (4)负责教授部分培训课程 (5)配合对受训员工的管理工作 (6)实施培训管理和咨询工作
(二)任职条件
1.基本素质 (1)具有大学以上学历，有3年以上培训、服务质量管理经验，有扎实的培训、服务质量管理及相关岗位工作经验 (2)身心健康，仪表端庄，有较高的职业道德素养及吃苦耐劳的精神 (3)有较强的口头和文字表达能力，能用一门外语与客人交谈，并进行教学 (4)工作认真，顾全大局，关心他人，善于沟通，勇于创新，讲求效率，有较强的事业心 (5)经过系统的企业专业知识和技能培训，具备娴熟的待客技巧，能熟练应用企业电脑管理软件和办公自动化设备进行文字处理、编辑、统计和分析工作 **2.专业要求** (1)熟悉企业管理基本知识，了解企业主要客源概况，通晓《合同法》、《消费者权益保护法》、《治安管理条例》、《企业管理法规及消防安全管理条例》 (2)熟练掌握培训的方法和培训技巧并能在工作中灵活运用，有较强的沟通协调能力、组织管理能力和知识讲解与传授能力

训导师岗位职责及任职条件

<table>
<tr><td rowspan="2">职位名称</td><td rowspan="2">训导师</td><td>直接上级</td><td>培训部经理</td></tr>
<tr><td>直接下级</td><td>无</td></tr>
<tr><td colspan="4">(一)工作内容</td></tr>
<tr><td colspan="4">(1)协助部门经理完成新员工岗前培训工作，组织做好各类专题培训工作。负责各项培训的总结工作，并及时呈报部门经理
(2)根据培训内容负责编写、购买、复印培训教材。负责培训设备的配置和管理工作，保证培训设备安全、有效
(3)负责制订培训项目实施计划，以保证每项培训工作的顺利实施
(4)协助企业各部门实施培训活动，对各部门训导师的培训工作进行指导和评估
(5)定期到各部门调查部门的培训需求，检查培训效果，督导部门完成月、季、年度培训计划
(6)负责编写、出版培训专刊或专栏，做好培训宣传工作
(7)负责对受训员工的管理和评估工作
(8)负责企业服务质量的检查工作，及时将发现的服务质量问题和改进建议向部门经理汇报
(9)负责服务质量案例的收集和总结工作，并对典型的、具有代表性的案例进行专题案例分析
(10)完成部门经理交给的其他工作</td></tr>
<tr><td colspan="4">(二)任职条件</td></tr>
<tr><td colspan="4">1.基本素质
(1)具有大学以上学历，有3年以上企业工作经验，掌握企业各部门的业务和工作质量标准，熟悉培训计划的制订工作，有较强的知识讲解与传授能力
(2)身心健康，仪表端庄，有较高的职业道德素养及吃苦耐劳精神
(3)工作认真，顾全大局，关心他人，善于沟通，勇于创新，讲求效率，有较强的事业心
(4)有较强的口头和文字表达能力，能起草、编写培训质检教材和资料，有较强的专业外语基础和应用能力
(5)能熟练操作企业电脑管理软件，会使用教学设备
2.专业要求
(1)熟悉企业管理的基本知识，了解主要客源概况，掌握合同法、消费者权益保护法、治安管理条例、企业管理法规及消防安全管理条例
(2)熟练掌握培训的方法和培训技巧并能在工作中灵活运用，有较强的沟通协调能力和业务实施能力，受过业务教育方面的专业培训</td></tr>
</table>

培训部文员岗位职责及任职条件

<table>
<tr><td rowspan="2">职位名称</td><td rowspan="2">培训文员</td><td>直接上级</td><td>培训部经理</td></tr>
<tr><td>直接下级</td><td>无</td></tr>
<tr><td colspan="4">(一)工作内容</td></tr>
<tr><td colspan="4">(1)负责整理培训资料和培训教室的管理工作
(2)协助编写、制作企业岗前培训教材
(3)负责培训部各项课程的实施工作
(4)负责部门内部文字打印、考勤和培训档案管理工作
(5)负责协调各部门的培训工作
(6)协助本部门训导师完成各项培训工作
(7)完成部门经理交给的其他工作</td></tr>
<tr><td colspan="4">(二)任职条件</td></tr>
<tr><td colspan="4">1.基本素质
(1)具有中专以上或同等学力，有3年以上企业工作经验，掌握培训工作的程序、标准和要求，具备熟练的待客技巧，能熟练操作企业电脑管理软件及教学设备
(2)身心健康，仪表端庄，有较高的职业道德素养及吃苦耐劳的精神
(3)工作认真，顾全大局，关心他人，善于沟通，讲求效率，有事业心
(4)有较强的口头、文字表达能力，有较强的沟通能力，以及较好的外语水平和专业知识
2.专业要求
熟悉企业服务的基本知识，具有起草文件和报告的能力，能熟练制作各类报表</td></tr>
</table>

第三章

培训部作业流程

第一节　培训需求分析流程

一、培训需求分析流程

(一)培训需求分析流程(Ⅰ)

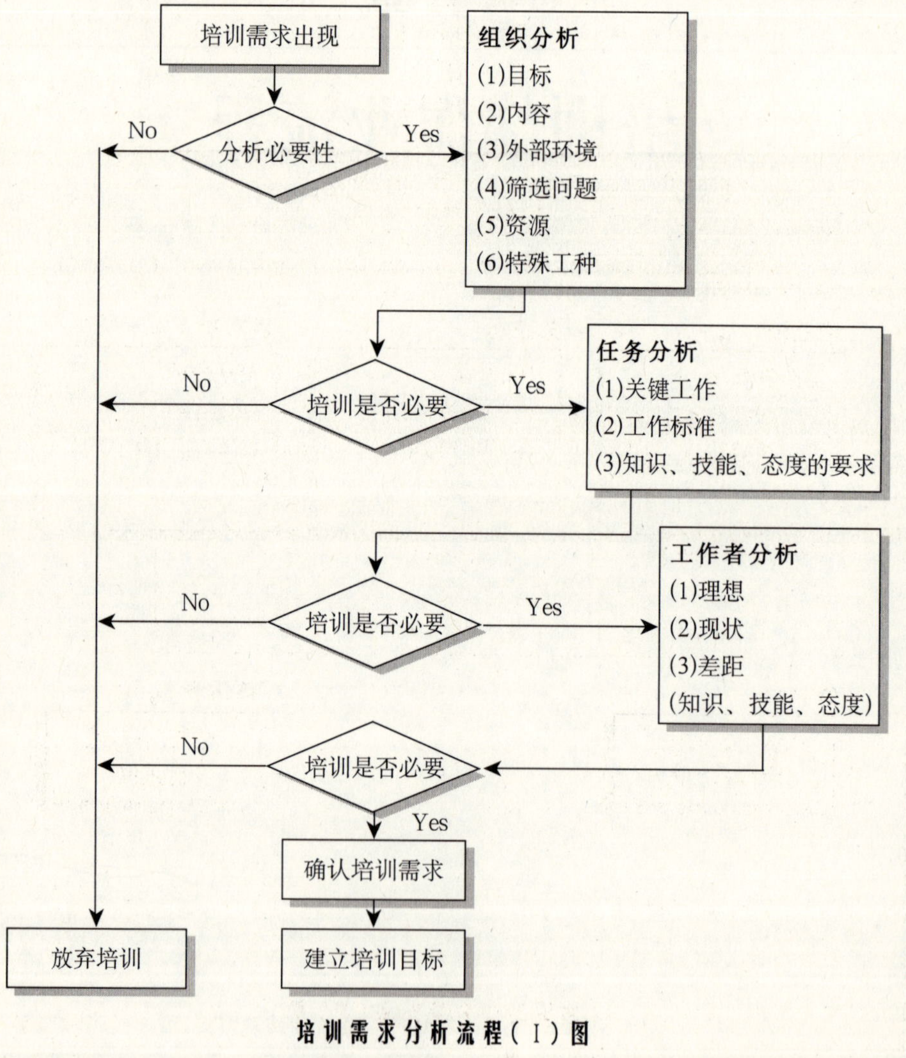

培训需求分析流程(Ⅰ)图

(二)培训需求分析流程(Ⅱ)

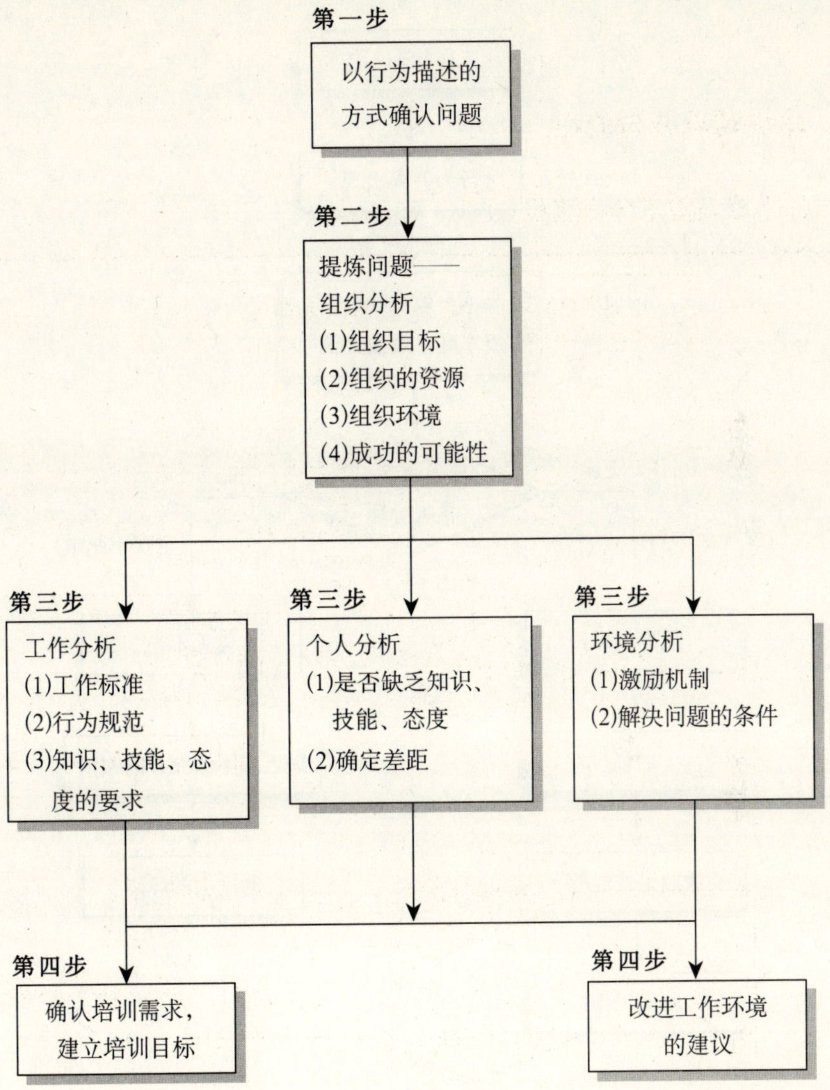

培训需求分析流程(Ⅱ)图

（三）培训需求分析流程（Ⅲ）

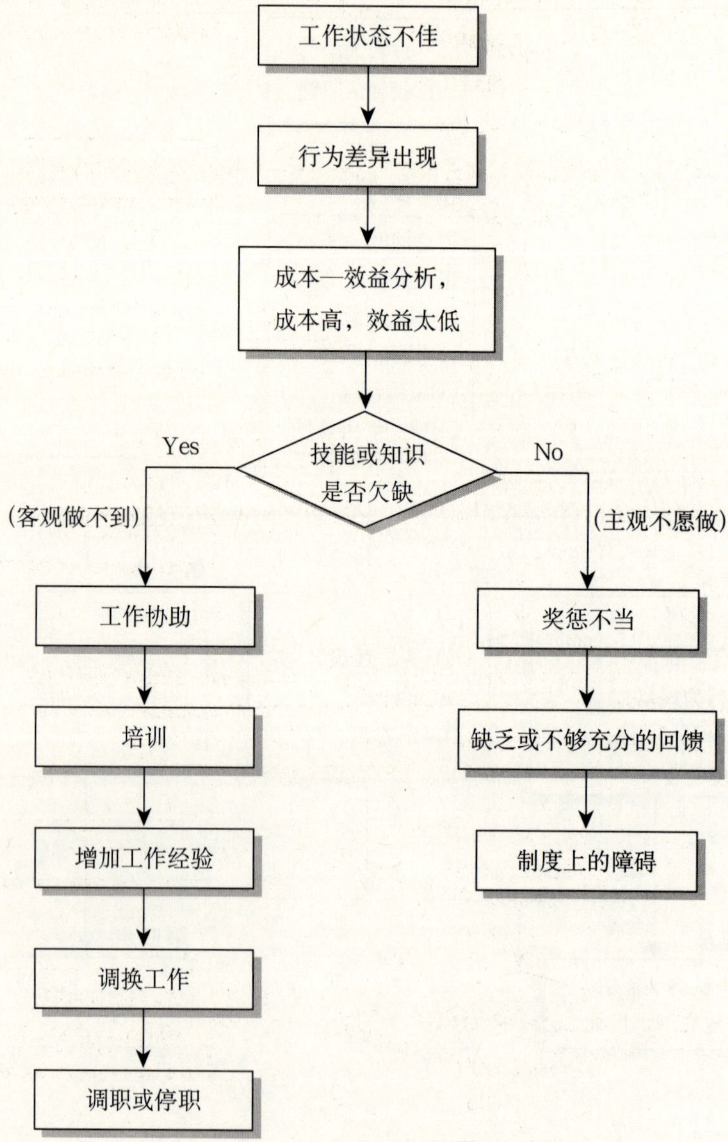

培训需求分析流程（Ⅲ）图

(四)培训需求分析流程(Ⅳ)

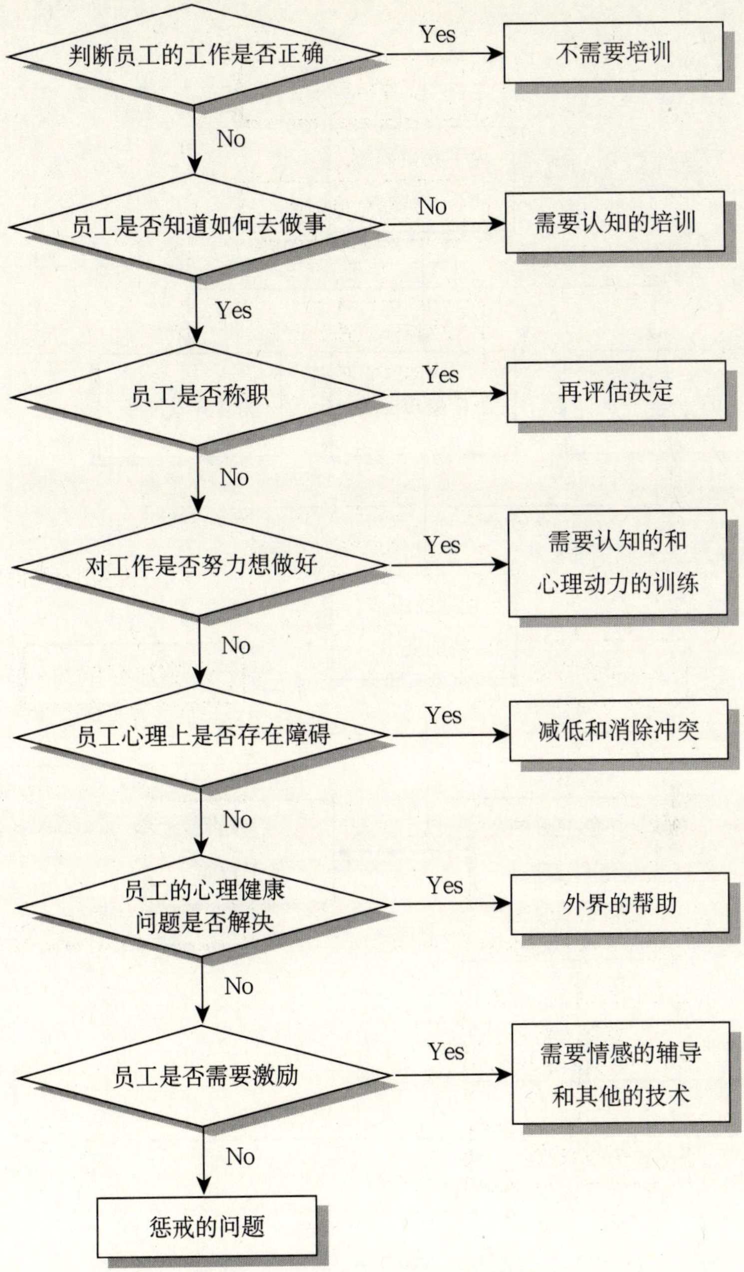

培训需求分析流程(Ⅳ)图

（五）培训需求分析流程（V）

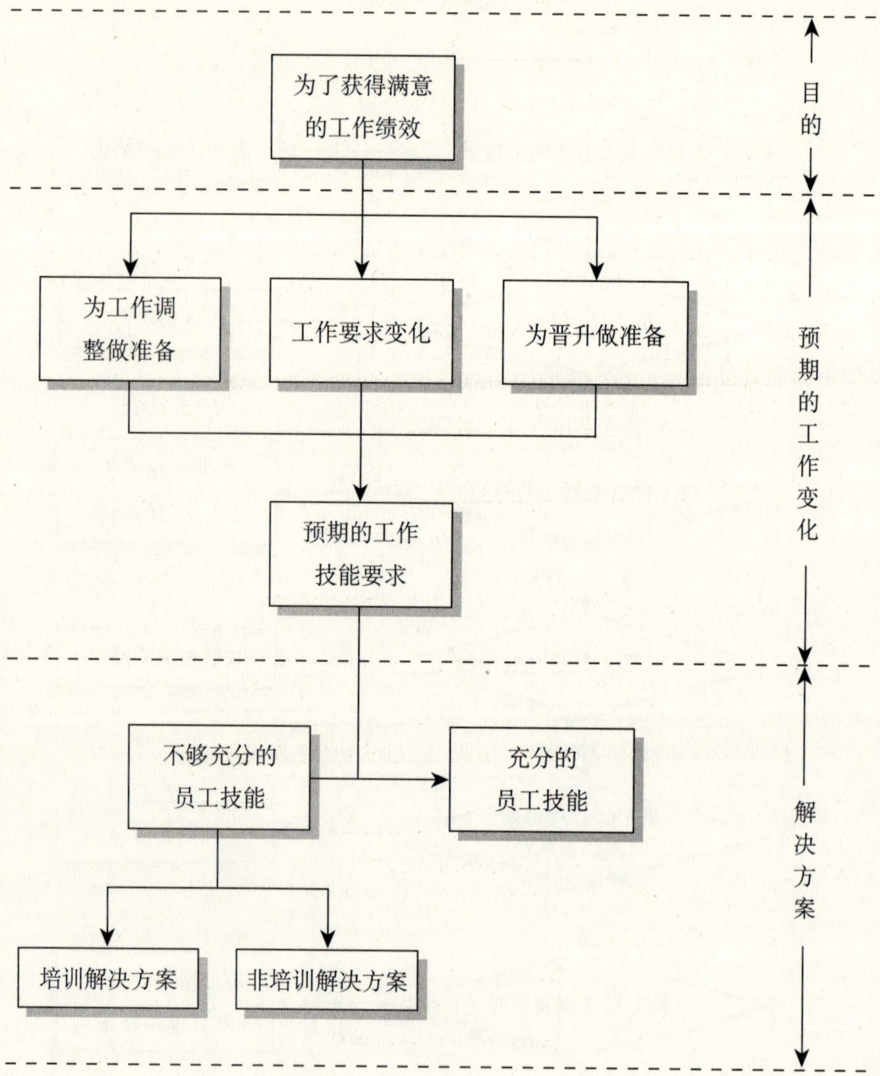

培训需求分析流程（V）图

（六）培训内容设定流程

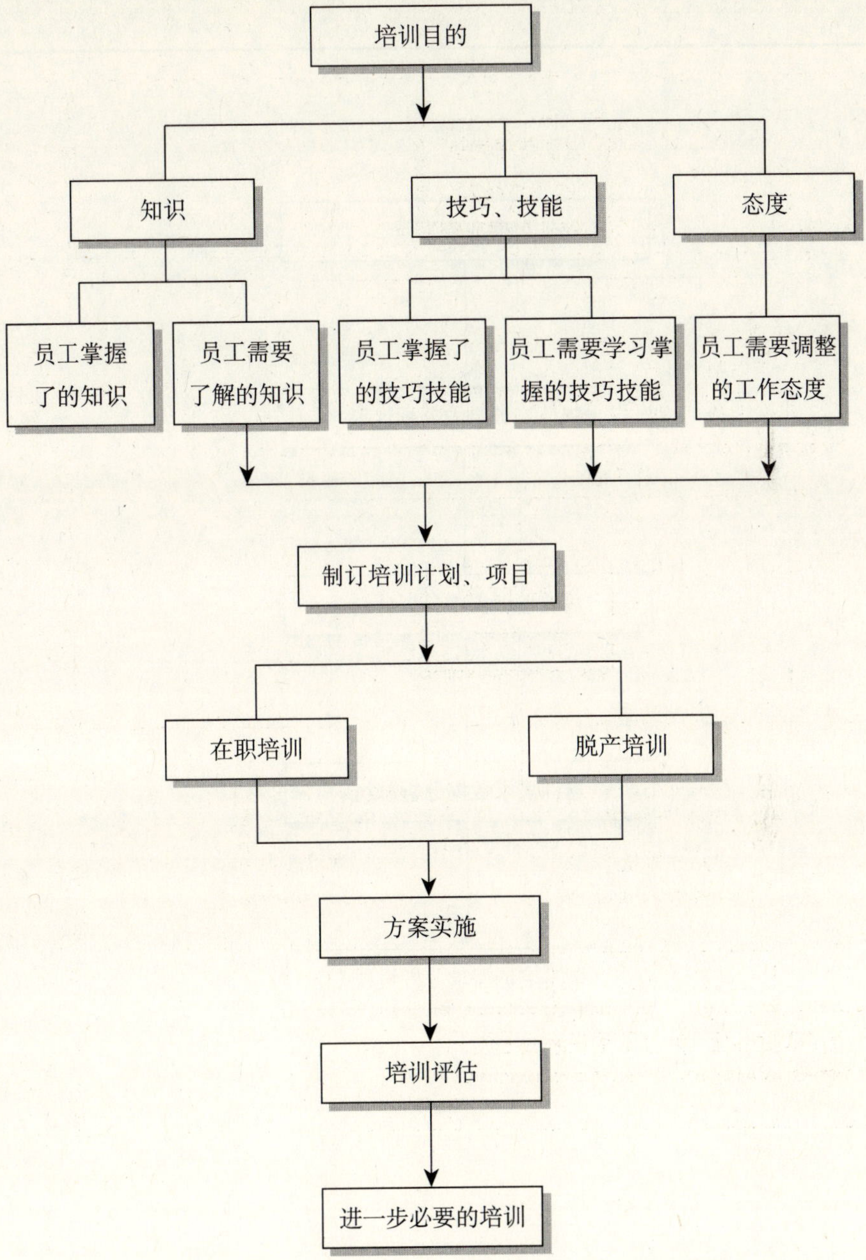

培训内容设定流程图

二、培训需求分析实施流程

(一)培训需求报告编制流程

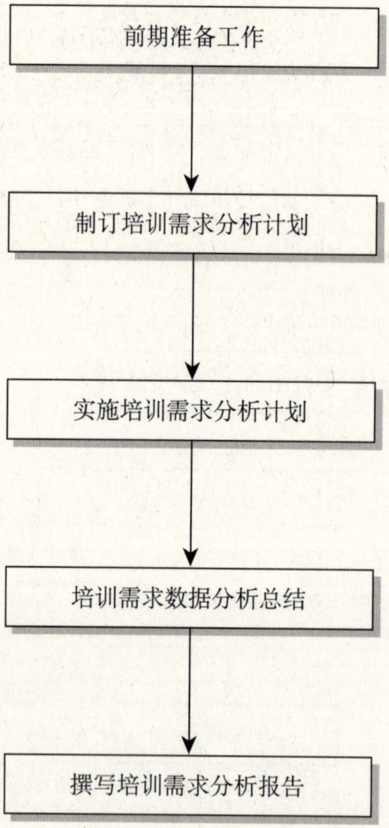

培训需求报告编制流程图

(二) 培训年度计划制订流程

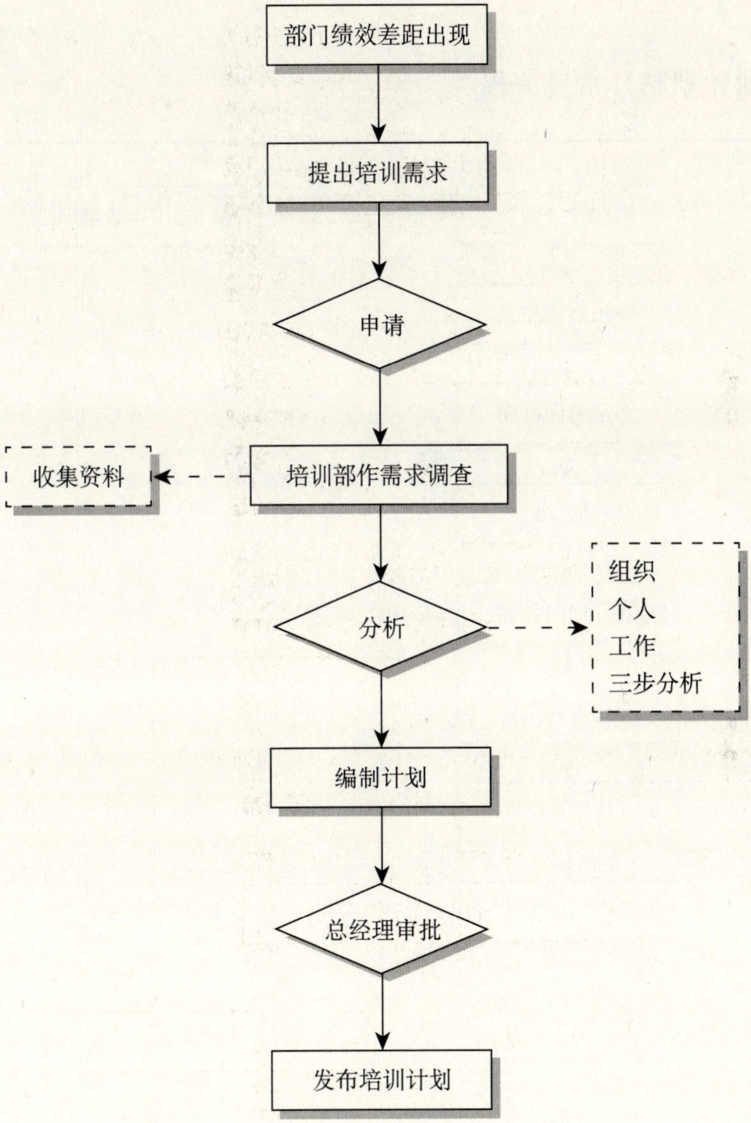

培训年度计划制订流程图

第二节　培训计划制订

一、培训计划制订常规流程

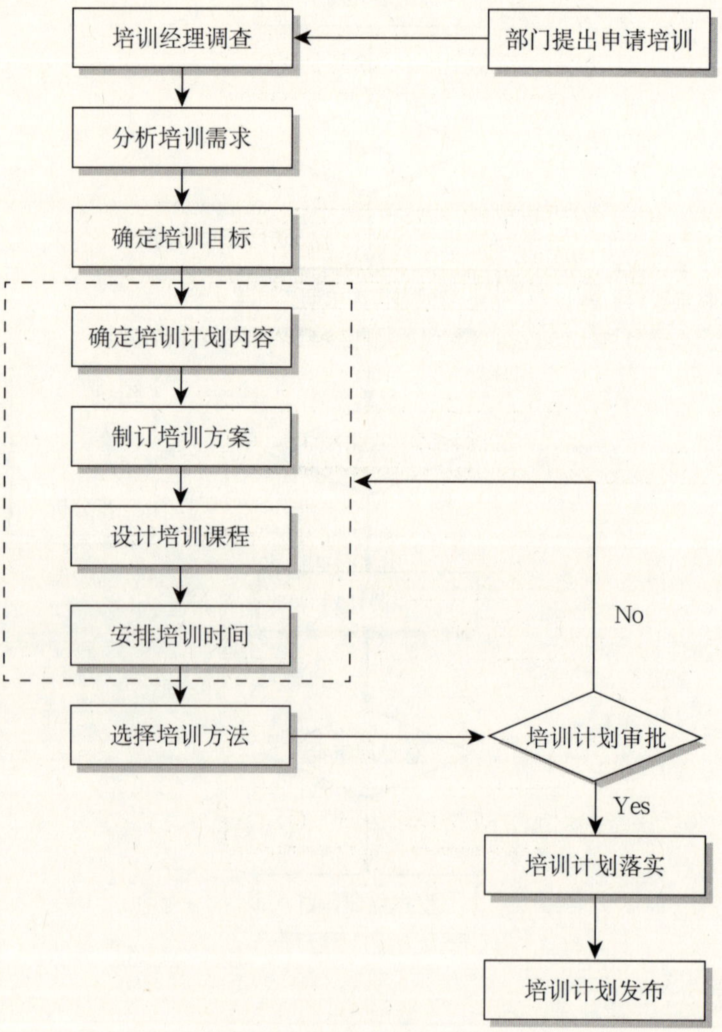

培训计划制订常规流程图

二、部门培训计划编制流程

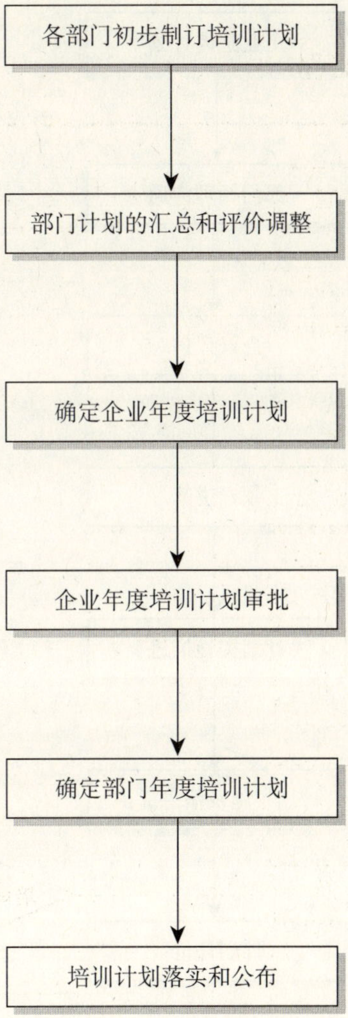

部门培训计划编制流程图

三、企业培训计划编制流程

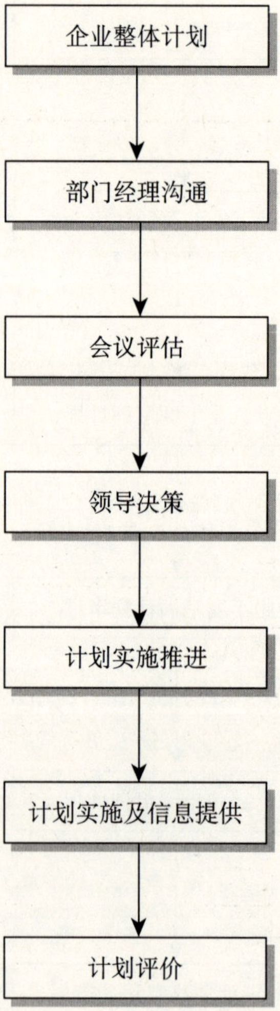

企业培训计划编制流程图

第三节　培训方案实施

一、培训方案制定流程

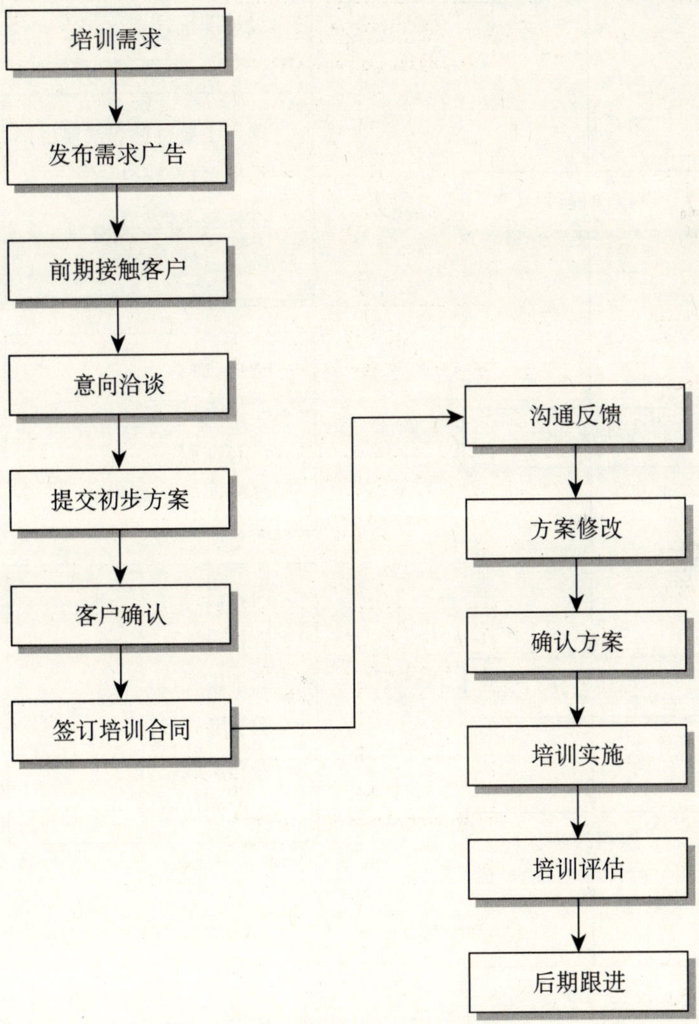

培训方案制定流程图

二、培训课程设计流程

(一) 培训课程开发流程

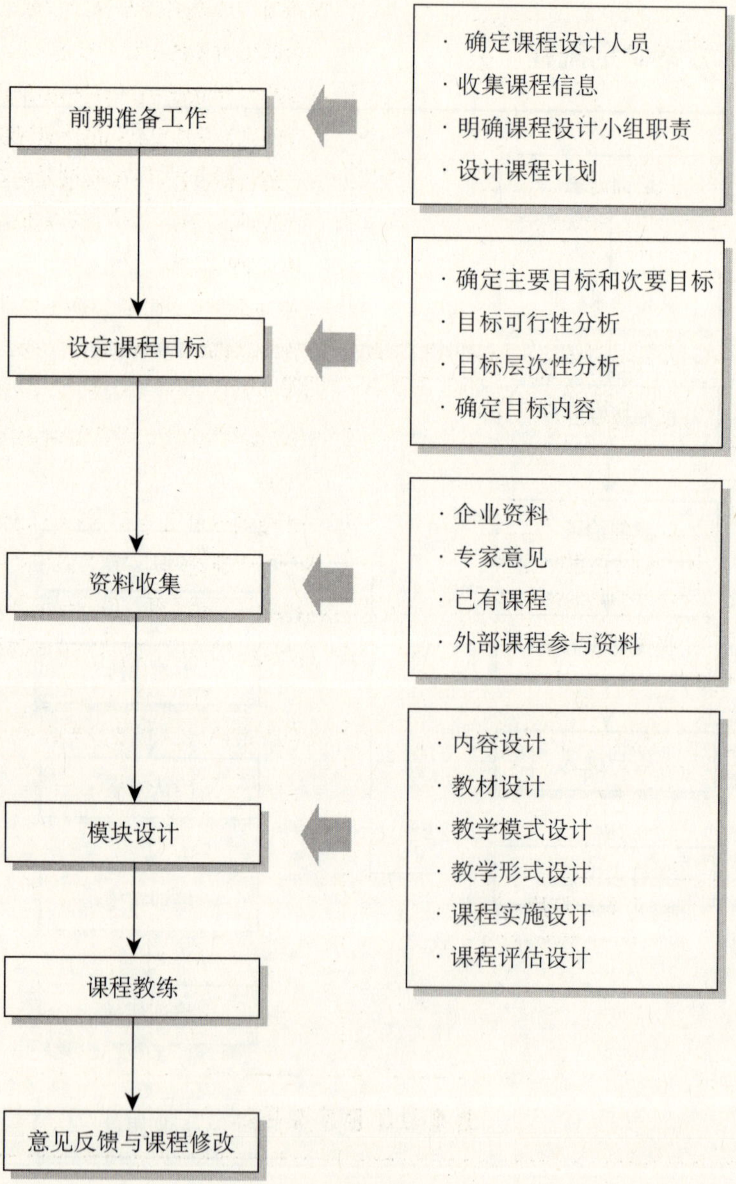

培训课程开发流程图

（二）培训课程设计流程

流程图	流程详述
分析培训课程①	①需确定学员必须掌握的、用来执行符合教学意图的知识和技能
↓ 确定课程目标②	②课程目标可分为总体目标和分解目标两个级别，总体目标指的就是课程目标，分解目标或者叫子目标就是内容目标。课程目标只有一个，所有其他目标都从属于课程目标
↓ 撰写课程纲要③	③根据课程目的和目标列出培训主题；为课程提纲搭一个框架，写下每项想讲的具体内容；选择各项内容的授课方式；要修改、重新组织或调整安排内容
↓ 设计课程内容④	④划分内容单元，再安排时间及顺序
↓ 编写学员手册⑤	⑤学员手册的内容包括：课程意图、学习目标、主要课题，估算出每个课题历时的课程路径图、成功完成该课程的要求等
↓ 制作幻灯片⑥	⑥将大纲和主要步骤罗列出来做成幻灯片

培训课程设计流程图

（三）教学计划编制流程

流程图	流程详述
确定讲义目的 ① ↓ 决定授课题目 ② ↓ 检讨教材内容 ③ ↓ 决定教学方法 ④ ↓ 选定教材和辅助工具 ⑤ ↓ 设计进行方式 ⑥ ↓ 时间的分配 ⑦	①确定课程整体评议的重要性，明确制定教学的中心工作环节和教学目的 ②题目最好能清楚明白并具有弹性 ③列举能包含教材的全部内容，并将中心重点项目列举出来。内容要以听讲者能够接受的程度为准，稍微简单一点比较好 ④明确以教材为主进行，还是采用边教边讨论的方式 ⑤决定要使用的辅助工具，是幻灯片还是录像机 ⑥这是整个教学计划的重心，所以必须多花一些时间来讨论 ⑦计算各内容的分配时间，使整个课程能很顺利地进行

教学计划编制流程图

三、培训工作实施流程

（一）新员工培训作业流程

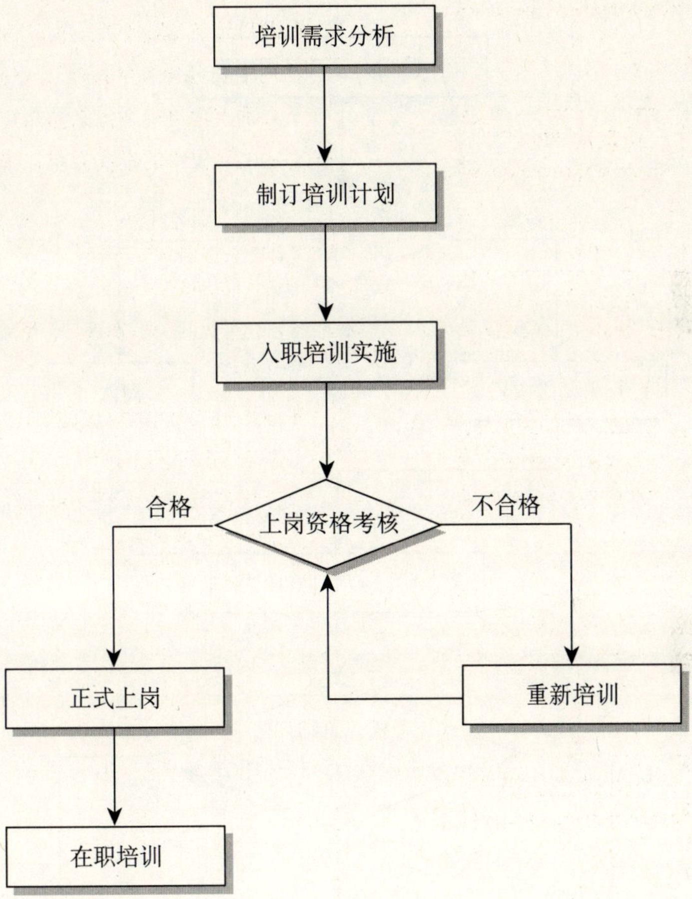

新员工培训作业流程图

（二）岗前培训实施流程

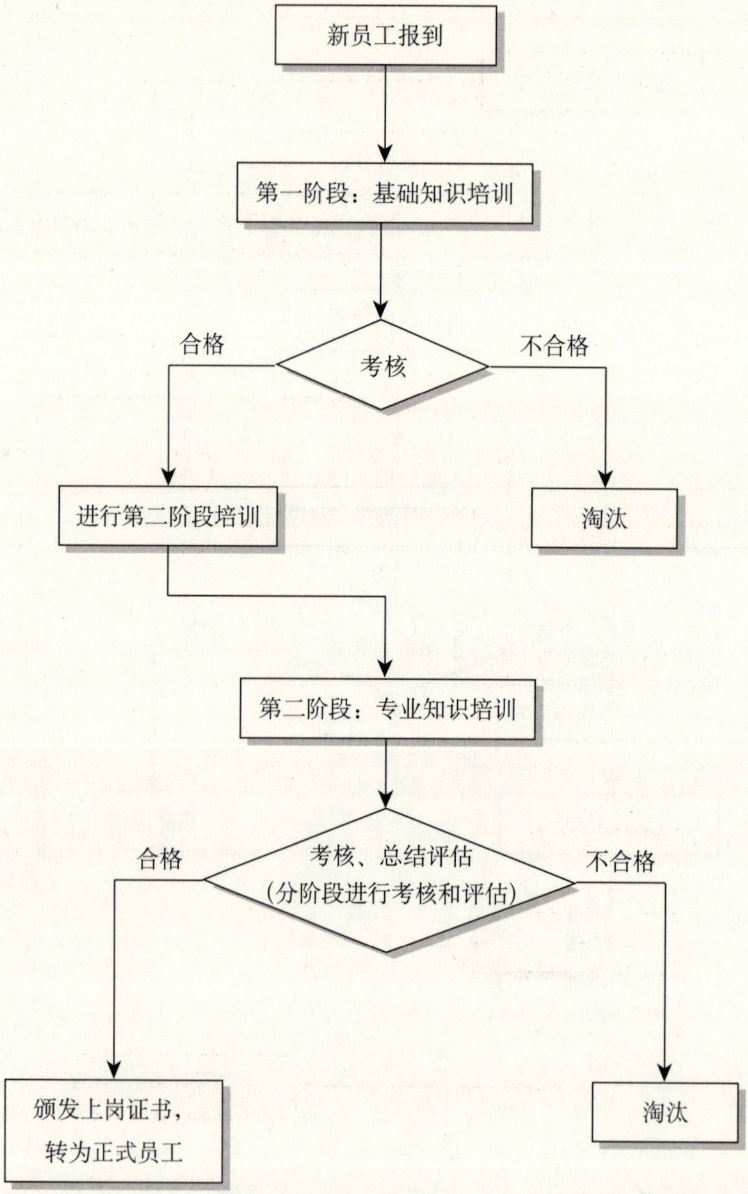

岗前培训实施流程图

(三)转岗培训流程

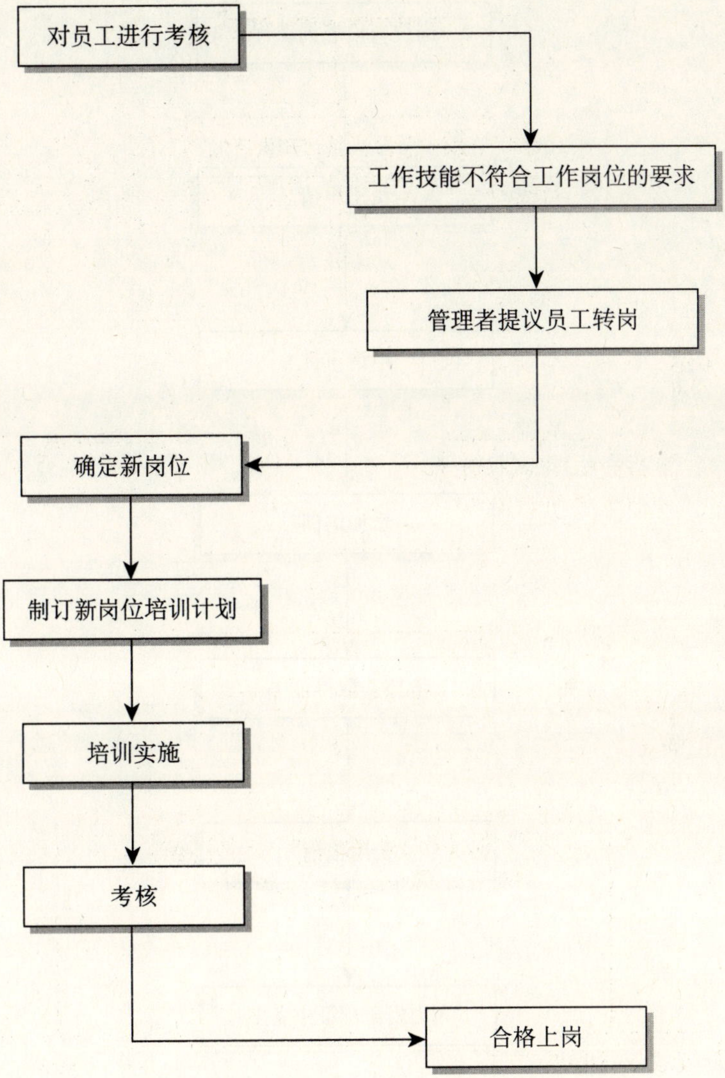

转岗培训流程图

（四）资格证培训工作流程

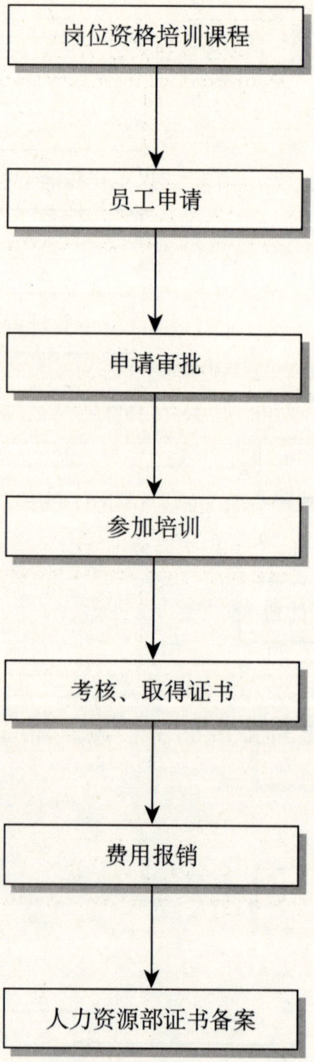

资格证培训工作流程图

（五）培训控制流程

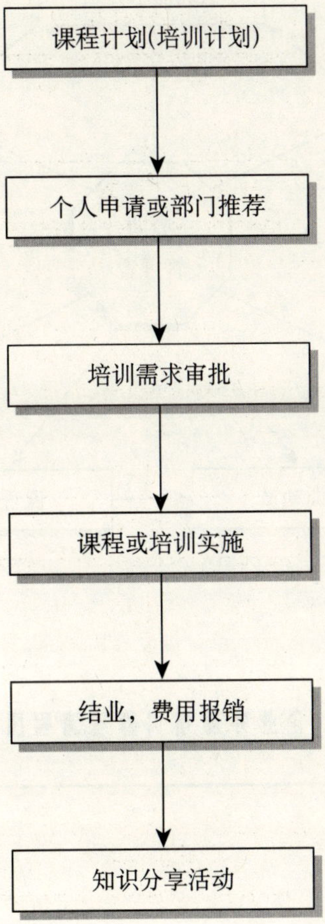

培训控制流程图

（六）企业外部培训管理流程

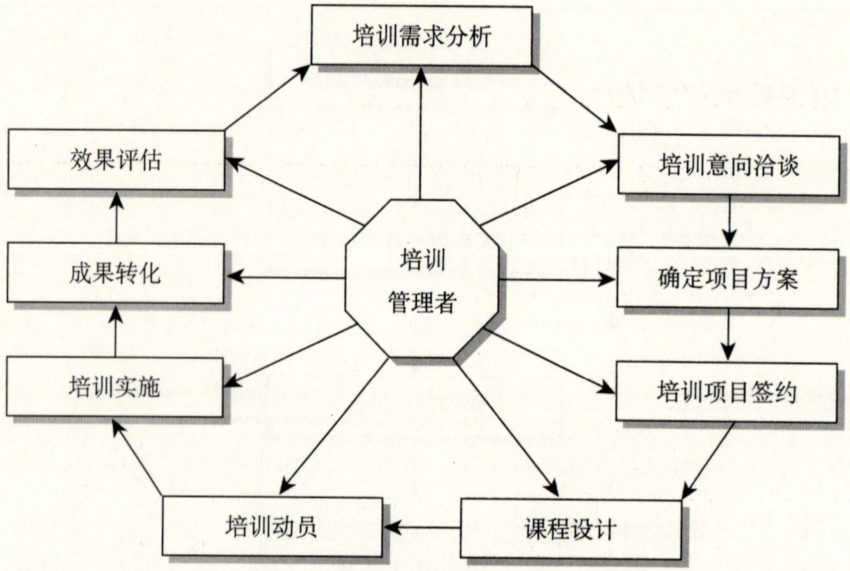

企业外部培训管理流程图

第四节　培训效果评估

一、培训效果评估流程

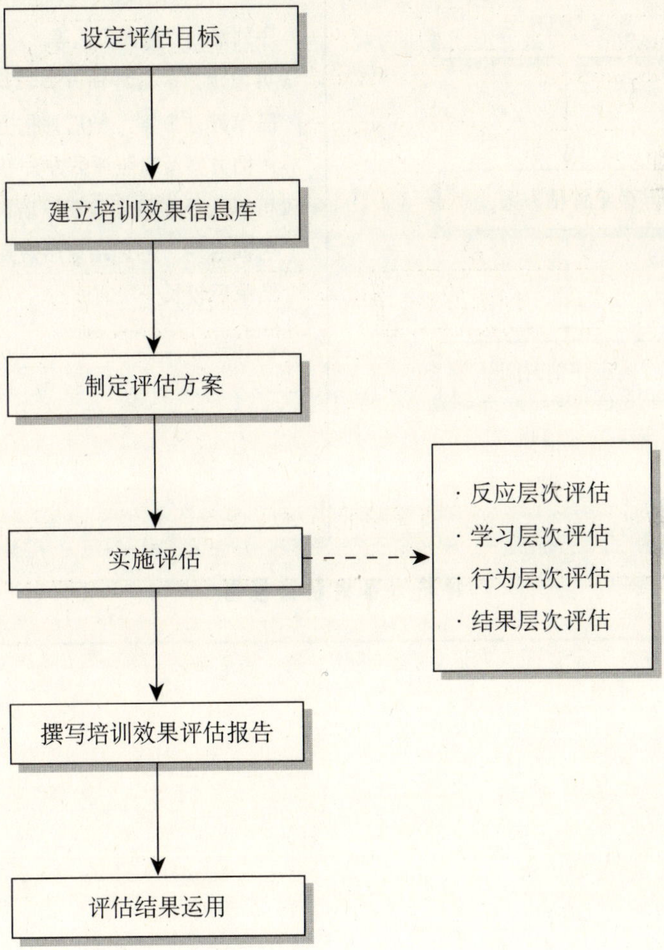

培训效果评估流程图

二、评估方案编制流程

流程图	流程详述

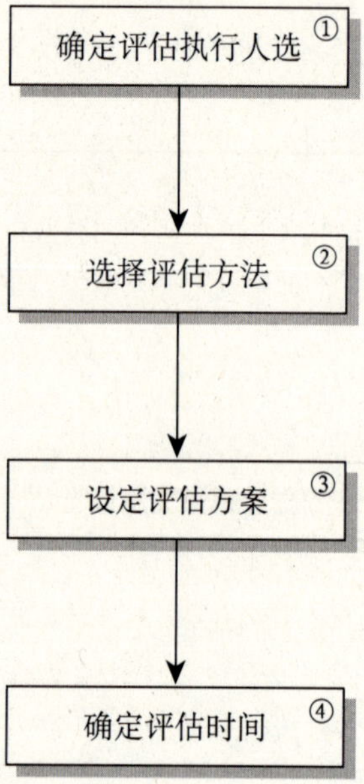

①评估的执行者可以是培训管理者、外聘的专家或顾问以及部门管理者

②评估的方法一般有观察法、问卷调查法、情境模拟测试法、绩效考核法、360° 考核测试法、前后对照法、时间序列法和收益评价法等

③可设定出多套评估方案，其中主要有简单评估方案、前后评估方案、多重评估方案及对照评估方案等

④可以选择在培训前期、培训过程中、培训后期、培训结束后短期内或培训结束后较长一段时间

评估方案编制流程图

第四章

培训部作业文本

第一节　培训需求分析

一、培训需求调查文本

(一) 培训需求调查问卷

培训需求调查问卷

尊敬的______________：

为了配合公司的发展需求和员工个人职业生涯规划的需要，公司培训部(人力资源部)计划近期为员工提供培训机会。为了能更好地了解培训需求，达到培训的目标，培训部(人力资源部)特设计了本调查问卷，请你配合培训部(人力资源部)的工作，真实、详细地填写以下问卷，并于　　年　　月　　日以前将问卷交回。

感谢你的合作。

年　月　日

姓名__________________　部门__________________

职位__________________　岗位__________________

年龄__________________　性别__________________

※ 你的工作职责是什么？

____

____

※ 你在工作中需要应用到什么样的主要技能？

____

____

※ 你在工作中遇到的最大问题是什么？

____

※ 你对你现在的绩效满意吗？

※ 你的工作需要与哪些部门配合？配合情况如何？

※ 你希望培训部(人力资源部)提供什么样的培训？

※ 你希望培训时间如何安排？

……

主管说明：

填写说明：

1.问卷以如下方式返回：□手工回收　□电子邮箱　□传真。

2.问卷如果填写不下，可以自己加附页。

3.问卷复制有效。

4.如有疑问可与____________联系。

（二）年度培训需求调查问卷

××××年度培训需求调查问卷

姓名：______________　部门：______________　职位：______________

为了提高全体员工的业务水平和职业素质，规范公司的培训管理流程，完善在职员工培训体系，现特设计本问卷，征集公司××××年度的培训需求，请大家根据部门和自身状况客观、公正地填写本问卷。本问卷只用作培训需求的评估，不作其他用途，绝对安全保密。请你如实、认真、详细和工整地放心填写，感谢你的配合和支持！

1．你或部门以前参加过公司组织的内部培训吗？若有，请注明是哪些课程。

____

____

2．你或部门在工作中存在哪些不足(或需要提升)的地方？(简单描述)

____

____

3．你认为哪些培训或课程可以帮助你解决以上的问题，请一一罗列出来。

____

____

4．请你代表部门写出三点对培训工作的意见和建议。(不可重复)

____

____

5．请在以下表格中的合适选项内打钩。

1.你认为以前公司组织的培训质量和效果	( )很好　( )一般　( )差　( )很差
2.你认为公司组织的培训需要改善地方是	( )培训内容　( )培训技巧 ( )培训形式　( )培训师资
3.你认为内部培训一般安排在什么时间为宜	( )星期一至星期五白天　( ) 星期六白天 ( ) 星期一至星期五晚上

（续表）

4.你认为公司的内部培训一般安排在何地为宜	( )培训教室 ( )户外 ( )基地
5.你认为什么样的培训形式最为合适	( )音像教学 ( )口头讲授 ( )多媒体教学( )拓展训练
6.你比较接受什么样的培训方式	( )课堂讲授 ( )游戏 ( )角色扮演 ( )案例教学
7.你认为什么样的培训考核形式最合适	( )书面测试 ( )操作考核 ( )撰写培训心得体会
8.你认为自己或本部门员工最不足或需要提升的是哪些技能(可以多选)	( )业务技能培训 ( )职业素质培训 ( )管理技巧培训 ( )其他请注明

（三）员工满意度调查表

员工满意度调查表

请根据你个人满意和不满意的标准，从下面的项目中挑选出前三项令你最满意和最不满意的内容：

最满意	最不满意
1.	1.
2.	2.
3.	3.

调查项目：

目前的工作	管理实习	激励政策
职务	脱产培训	能力、特长的发挥
薪酬	国内、国外考察	成就感
带薪假期	岗位轮换	被认可
工作环境	岗位证书培训	人际关系
工作工具	职业发展	沟通技巧
平等竞争机会	工作时间	自我表现的机会

提升	加班	员工餐
选择自己喜欢的工作	直接上级	员工倒班宿舍
福利	决策层	工装
奖金	奖惩制度	班车
住房	奖金评定方法	娱乐活动
	实操培训	评估方式
	理论知识培训	评估标准

其他(没有列出，但也是你非常满意或不满意的)：

____

____

请提出你的具体建议：

____

____

谢谢你的合作！

××公司培训部

（四）员工培训需求调查问卷

员工培训需求调查问卷

下面是关于培训部为未来拟订培训新计划的问题，请你协助回答。

1. 就职前你是否接受过培训？接受了哪些内容的培训？

____

____

2. 为了更好地工作，你需要学习哪些课程？（请列出你最想学的前五位课程）

(1)

(2)

(3)

(4)

(5)

3．你愿意参加培训课程吗？

除上述内容外，你还可以介绍哪些培训项目为员工进行培训？

____

____

谢谢你的合作！

××培训部

（五）部门经理培训需求调查面谈问卷

部门经理培训需求调查面谈问卷

部门__________经理__________：

1．你对培训部有哪些期望或要求？

2．对你的部门而言，哪些培训项目是最重要的和最紧急的？

3．你部门的员工在入厂前都参加岗前培训了吗？如果参加了，你认为培训效果如何？没参加培训的是什么原因？

4．请你根据本部门的实际情况，按照非常重要、重要、不重要的程度选择以下的培训项目：

培训项目	非常重要	重要	不重要
(1)企业知识介绍			
(2)培训的培训师			
(3)安全知识介绍			
(4)专业知识培训			
(5)人际沟通技巧			
(6)客户关系处理技巧			
(7)主管管理技巧			

（续表）

培训项目	非常重要	重要	不重要
(8)授权技巧			
(9)时间管理			
(10)如何评估下属			
(11)员工部门岗位交换培训			
(12)日常工作礼仪			
(13)电脑培训知识			
(14)英语初(中)级水平培训			
备注说明			

5.除上述培训内容外，你认为还有哪些培训项目对你的部门或企业是非常重要或急需的？

____

____

6.你本人需要哪些方面的培训？

____

____

7.你认为哪种培训方式适合你？

(1)管理实习

(2)参观、考察

(3)脱产或半脱产式培训

(4)参加短期专项培训班

(5)自修(自学)

（六）培训需求调查表（客户意见征求表）

培训需求调查表（客户意见征求表）

尊敬的客户：

为了提高企业的经营管理水平和服务质量，6月我们将开展“培训质量月”活动。为了听取你对我们工作的宝贵意见，特送上此表，请你花几分钟时间填写。我们保证调查的内容绝对保密，只作设计培训计划用。

谢谢！

总经理

年　月　日

1. 与拜访你的其他企业销售人员相比，我们的业务人员：

□差　□一般　□好　□优于多数人

2. 我们的销售人员在礼仪上：

□差　□一般　□好　□优于多数人

3. 我们的销售人员对业务的熟悉程度：

□差　□一般　□好　□优于多数人

4. 我们的销售人员的工作事先准备：

□差　□一般　□好　□优于多数人

5. 我们的销售人员的工作态度：

□差　□一般　□好　□优于多数人

6. 我们的销售人员的敬业精神：

□差　□一般　□好　□优于多数人

7. 我们的销售人员在售后服务上：

□差　□一般　□好　□优于多数人

8. 我们的销售人员的团队精神：

□差　□一般　□好　□优于多数人

9. 我们的销售人员的推销技巧：

□差　□一般　□好　□优于多数人

10. 其他意见：

再次谢谢你的合作！

（七）员工培训需求访谈记录

员工培训需求访谈记录

访谈对象：________________

部门：________________

职位：________________

访谈时间：________________

访谈提纲：________________

1. 你认为组织状况如何？

2. 你认为目前组织存在什么问题？

3. 你认为应当如何改进这些问题？

4. 你目前的工作状况如何？

5. 你认为目前的工作有什么问题？是什么原因导致的？

6. 如果要改进目前的状况，你希望得到什么帮助？

7. 你对自己的职业发展有什么规划？你希望得到什么帮助？

8. 你个人目前最需要得到什么培训？

……

访谈记录：

____

____

____

____

其他说明：

____

____

____

____

记录人：　　　　　　记录工具：　　　　　　记录时间：

二、培训需求调查分析文本

(一) 管理人员培训需求分析报告

管理人员培训需求分析报告

一、培训目的

本公司培训必须立足于组织发展的需要，组织的培训需求主要来源于公司业务的发展需要和实施策略，培训也要为员工个人的职业发展提供支持，以达到个人与组织共同发展的目标。

二、培训依据

(1)公司战略发展规划。

(2)公司人力资源规划。

(3)营销战略及核心竞争力需求。

(4)公司年度经营目标。

(5)员工业绩及行为表现评估。

(6)员工任职能力状况分析、各岗位流程分析。

三、培训需求分析

以上述内容为依据，对公司管理人员培训需求具体分析如下：

1.目前公司缺编状况。

全公司现有员工总数为700人，预计再招聘246人左右。招聘岗位如下：

序号	岗位	招聘人数	备注
1	总监级	2人	
2	部门经理级	5人	
3	部门副经理级	8人	
4	主管级	27人	
5	领班级	32人	
6	员工级	172人	

2.现有人员状况。

(1)现有人员中，大部分员工没有参加过系统培训。

(2)管理层岗位缺编比较严重，而且管理者水平参差不齐。

(3)预计招聘的人数约占现有人数的35%，如果没有一个系统的培训计划，将会给公司的发展带来严重的影响。

(4)目前公司有一部分已工作多年的老员工需要接受发展培训。

3.管理人员培训需求分析。

管理人员培训需求调查统计

调查对象：

参加调查的人数：18人

学历	本科	大专	高中	初中	其他
人数	1人	4人	10人	2人	1人
百分比	5.6%	22.2%	55.5%	11.1%	5.6%

(1)学历统计。

种类	数量	
年龄	30~40岁：8人	40岁以上：10人
性别	男：11人	女：7人
有公司工作经历的	5年以上：12人	
有外资公司工作经历的	3年以下：1人	5年以上：4人
以前没有这方面工作经历的	9人	
担任过训导师的	9人	

(2)各种数字统计。

(3)目前工作中最大的障碍是什么？

①公司管理方面的专业知识和实践经验欠缺。

②工作程序应简洁，办事效率要提高。

③依靠摸索经验，而不是按照一套有效的管理体系去做。

④缺乏有效的理解和沟通方式，造成各部门间不能互相补台，常出现互相拆台的现象。

⑤工作程序、标准不统一，随意性比较强或是按经验办事。

⑥公司设备管理、能源管理有较大的问题。

⑦团队精神较差。

⑧员工整体外语水平较低，不能与外国客人进行正常的交流。

(4)公司管理人员现状分析。

①管理人员自身素质及管理水平参差不齐。

②有些管理人员没有基层工作经验，对部门的管理工作有一些空白点。

③有些管理人员已经成为救火队员，每天都非常辛苦，通常做一些紧急但不重要的事情，忽略了一些重要而不紧急的事情，每天都在忙于琐碎的小事。

④缺乏沟通意识和正确的沟通方法。

⑤团队意识有待加强。

⑥管理者害怕承担责任。

⑦缺乏站在对方的角度上考虑问题的意识。

⑧管理人员培训的重视程度不够。

⑨公司没有建立一套比较完善的培训体系，造成培训不到位。

(5)管理人员的培训需求分析。

根据部门经理的培训需求，主要分为三类：

第一类：经营部门的培训需求

①到同业领袖企业进行培训考察，掌握目前同业的发展趋势及特点。

②目前自身公司的管理程序及标准。

③沟通技巧。

④市场营销与客户关系。

⑤领导艺术。

⑥英语。

第二类：非经营管理部门的培训需求

①系统地学习本部门的管理程序、标准及相关政策法规。

②沟通技巧。

③英语培训。

④对没有本行业工作经验的人员需要系统学习相关知识。

⑤激励方法。

第三类：技术性较强的部门的培训需求

为了适应当前高科技发展的需要，对技术含量较高、更新较快的管理人员，应不断地外派“充电”，以适应技术变化的需要。

综上所述，培训部将根据大家的培训需求及目前管理人员的现状，制订开业前的培训计划。

（二）管理技能培训课程需求分析报告

管理技能培训课程需求分析报告

一、报告背景

××××年×月，×××在进行年度训练需求调查时，了解到现任的中层主管由于任职时间比较短，相对缺乏管理经验，希望在管理技能上得到系统培训。为此，×××将此课程列入年度培训计划当中。并在7月进行了训练需求调查。

二、调查对象

三、调查时间

×月22日至×月28日

四、调查方式

问卷填写与面谈相结合(37份资料)

面谈：12人　　　问卷发放：37份，回收15份

（参与面谈和回收问卷的主管可以作为第一批参加培训的对象）

五、调查内容

1.任职时间(晋升为主管到目前的时间)分析。

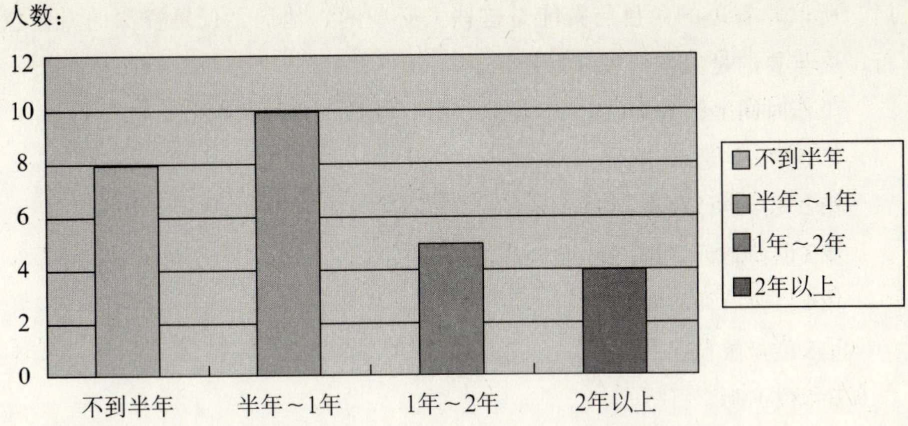

从上表中，我们可以看出，有18个人的管理经验都在1年以下，一方面说明公司还处在一个快速成长的阶段，另一方面也说明管理者的管理经验比较少，66%的管理者都是上任不到1年的，说明了此次培训的必要性。

2.目前下属人数数量的分析。

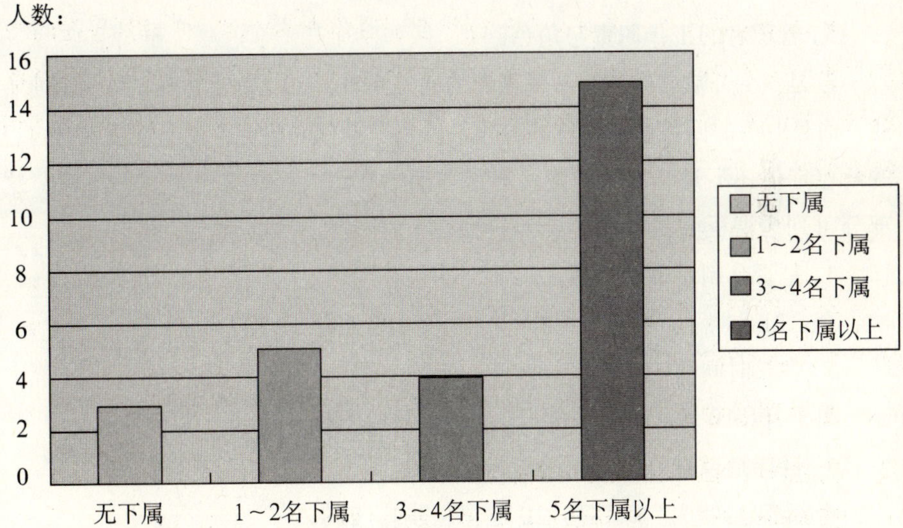

从上图中，我们可以看出，拥有5名(含)以上下属的主管人数占了总人数的55%，说明管理的角色在工作中是很重要的。没有下属的原因主要是项目经理或主管，因为组织结构调整，是暂时的，绝大部分主管都有自己的明确下

属。所以，管理的角色与技能是这些人必备的，他们不仅是资深的专业执行，更重要的是要如何带领好团队。

工作时间上的分配(因为个性化很强，故取调查的平均值)

第1位：沟通协调；

第2位：制订决策；

第3位：制订计划；

第4位：培训下属；

第5位：做自己的事；

第6位：制定目标。

第7位：处置突发性事件

从以上排序当中，我们可以看出，沟通占了管理者最多的时间。沟通协调是主管的重要职责，从占用时间看不出太多问题，但关键是这种沟通是否有效。处置突发性事件的时间排在末尾，总的来说，管理者在自我的时间管理上表现还不错。但制定目标的时间非常少，而计划却占到很多的时间，说明管理者对目标的意义与目的还不是非常清楚。

3.管理者的工作职责与角色。

这是一个开放式问题，从管理者的回答来看，60%侧重管理，40%侧重专业，而且90%的回答都是粗放的，只是谈到了部分的职责，说明管理者对自己的角色定位还不是非常的清楚。有这方面的意识，但需要再加强。所以，这部分可列为课程的次重点。

4.是否会制定部门目标。

会：21人　　不一定：4人　　不会：2人

5.多长时间制定一次目标。

每个月：10人　每个季度：8人　项目立项时：8人　　每半年：1人

6.目标是否有可以量化的指标。

全部都是：5人　部分是：20人　　没有：2人

7.在制定目标过程中的问题：

(1)达到目标的执行方式，如何制订执行计划。

(2)部门目标的制定如何得到下属的支持。

(3)根据公司策略，但说实话，还是很粗放的，不明确。

(4)人力和时间分配上有矛盾，员工请假会造成进度推迟。

(5)如何确定目标的风险性。

(6)根据上级指示，拿来就直接用了，不作分解。

从工作时间上的分配，我们可以看出，管理者对目标的概念还是模糊的，我们再通过以上问题，就可以看得比较清楚了。大部分管理者会制定目标，以月度、季度为主；部分项目管理人员是以项目立项为时间点，也是可以的。但在真正制定时，就出现很多问题了。首先目标的形成，其次是目标的分解，以及围绕目标而制订的可行性计划。在每一个环节都存在问题。可以说，现在的管理者对制定目标的技能是缺乏的。当然，我们也不能排除大环境的因素，如高层对目标的看法、部门之间的配合等。但这是另外的问题，在下面我们会继续分析。可以肯定的是，如何制定目标，以及如何执行目标应当是此次培训的重点。

8.与下属的沟通频率。

100%的管理者选择经常沟通。

9.在和下属沟通时遇到的问题：

(1)项目成员态度消极、沉默寡言，相互推卸责任及发生冲突。

(2)下属不愿意说真心话，不理解工作任务。

(3)在项目执行过程中，下属不会及时反馈问题。

(4)主管在沟通时缺乏计划性，往往在问题出现后才去和下属沟通。

(5)彼此之间缺乏信任。

(6)不知道如何与女性下属沟通。

(7)下属的工作压力很大。

从以上问题，我们可以看出，虽然管理者都非常重视与下属的沟通协调，但这种沟通却是不成功的。从他们反映出的问题来看，责任大部分都在下属，态度、素质、责任感都有问题，但事实并不是这样。往往是员工的问题都是来自于主管，如何建立良好的沟通机制是主管的责任，所以主要问题还是在主管身上。在课程当中，如何有效地与下属进行沟通并达到工作目标，是一个非常重要的部分。

10.是否会培训下属。

100%的管理者选择会。

11.你是如何培训下属的。

45%的管理者选择有计划地培训；55%的管理者选择没有规律，随意性大。

12.培训时遇到的问题。

55%的管理者不知道该如何培训，45%的管理者认为没有时间。

从以上问题，我们可以看到一个非常有趣的现象，100%的管理者都认为培训重要，但真正落实到工作中的却很少。所以，只能说大部分管理者都认为培训很重要，但只是挂在嘴上而非落实行动中。但也不排除有小部分管理者对培训的重视，并且作为工作的重点，他们所缺乏的只是培训的技巧与方法。而且，接近一半的管理者认为没有时间。之所以没有时间，是因为培训不是他的工作，也不是他的职责，所以被忽视了。这一部分的管理者对于培训的认识是有偏差的。如何告诉学员培训下属的重要性以及培训的技巧与方法，可以作为培训的次重点来考虑。

13.如何看待绩效面谈。

100%的管理者都很重视。

14.绩效面谈中遇到的问题：

(1)如何核定工作绩效，标准很难量化。

(2)员工对待面谈的态度不好，冷淡、无所谓。

(3)如何调节面谈时的气氛。

(4)如何将考核落实到个人。

(5)如何作绩效分析。

从以上问题来看，绩效面谈的执行还算是比较顺利，但在执行的过程中，也存在一些问题。事实上，绩效考核在任何一家公司都面临操作上的问题，本身就是一个难以做到有效执行的项目。不光是主管的面谈技能，还牵扯到整个公司的文化与制度。所以，绩效面谈可以作为一个次重点来讲，主要放在绩效面谈的流程与方法。

15.工作中是否会授权。

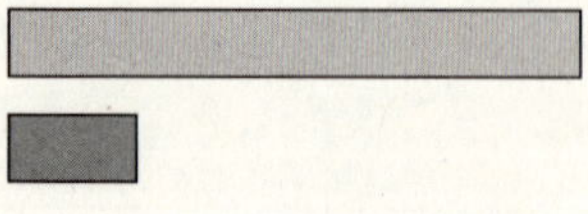

16. 工作中是否会激励下属。

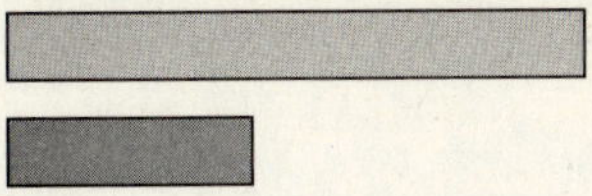

17人认为：自己会激励

10人认为：自己想，但不知道如何操作

授权和激励都是主管的重要管理技能之一。从以上问题来看，总体上执行得还不错，100%的管理者都意识到这些方面的重要性。课程中，可以对授权和激励的技巧再作一些讲解。

17. 管理者在工作中面临的其他问题：

(1)如何与平级部门主管进行沟通协调。

(2)如何“管理”自己的上司，对上的沟通技巧。

六、培训计划

1. 课程时间：2天。

2. 上课地点：由×××安排。

3. 课程预计时间：8月下旬(星期四或星期五)。

4. 此次课程将安排2次。

×××会视第一次培训的效果决定是否仍然由第一次的合作方讲师来作第二次的培训或是寻找新的合作方讲师。

5. 课程资料。

讲师需要在开课前来公司作进一步的面谈与资料收集。

6. 课程要求：

(1)管理者的职责与角色(次重点)。

(2)部门目标的制定与执行(重点)：

①目标的产生。

②目标的分解与制定。

③目标执行的注意事项。

④制定目标的方法与技巧(项目管理的制定)。

(3)沟通协调(重点)：

①如何与上司沟通。

②如何与其他部门主管沟通。

③如何与下属沟通。

④与女性下属沟通时的注意事项。

⑤如何保证沟通的有效性。

(4)下属培训(次重点)：

①培训下属的意义。

②培训的方法。

(5)绩效面谈(次重点)：

①绩效面谈的流程。

②绩效面谈的技巧与方法。

(6)授权与激励(次重点)。

(7)其他：讲师认为比较重要的部分。

7.课程特色：

(1)偏重在项目管理方面对管理者的任职要求。

(2)以案例研讨、模拟练习为主，所用素材尽量以业为佳。

第二节　培训计划制定

一、督导管理培训方案

督导管理培训方案

针对本企业成立时间短、督导层人员年轻、新提拔的人员较多，管理经验不足和管理能力较弱，大多数人未经过系统、规范的培训等问题，以及主管这个岗位属于承上启下的作用，企业决定××××年管理培训的重点是对企业的主管进行一次全面、系统的督导管理培训。

一、培训目标

通过本门课程的学习，系统地掌握管理的职责，提高管理技能，帮助培训对象更好地完成工作任务，运用全新的技能去解决日常工作中遇到的问题，增强自信和自尊，增进获得提升的机会，获得别人对自己的尊重，加深对本企业的了解。

二、课程设置及培训师

根据主管岗位所需的共性知识和必须掌握的技能，以及本企业主管目前存在的主要问题，共开设10门培训课程(见下表)。培训师外聘与本企业人员组成。

主管培训课程设置

序号	课程	授课教员	课时	时间
1				
2				
3				
4				
5				

（续表）

序号	课程	授课教员	课时	时间
6				
7				
8				
9				
10				

三、培训对象

企业所有的主管人员。

四、培训时间、考试时间

培训时间：2～5月，每周星期四下午14：00～16：00；

考试时间：每门培训课程结束的第二天下午16：00～17：30。

五、培训地点

培训部第一教室。

六、培训方式及方法

方式：集中学习与自学相结合。

方法：讲授、研讨、案例分析、问卷、游戏、看录像结合。

七、培训考核

考核由以下几种方式组成：

考试：每门培训课程学完后，要对所学内容进行考试，考试时间为90分钟，重点考查培训对象结合本企业、所在部门工作实际分析问题、解决问题的能力。

论文：每位培训对象写一篇不少于2000字的论文。要求结合实际，有观点，能提出问题，有解决问题的措施。于5月20日前交培训部。

考勤：凡请假2次以上，考核不予通过。

八、培训要求

(1)各部门要从企业人才建设的战略高度重视这次培训活动，统筹安排，保证培训对象的时间。

(2)无特殊、重大情况不允许请假。如需请假须经本部门经理→培训经理→总经理批准。

(3)不得迟到、早退。积极参加培训活动，尊重培训师。

(4)请关闭手机。

九、培训经费

培训教员的课酬、交通、餐饮等费用××万元。

二、培训计划编制暂行规定

培训计划编制暂行规定

1　目的

为规范公司培训计划的编制工作，特制定本规定。

2　适用范围

本规定适用于公司培训计划的编制。

3　管理规定

3.1　调查公司员工现状。

3.1.1　确定在5年内退休的人数。

3.1.2　通过培训即可晋升上级职位的人数。

3.1.3　因工作态度不好必须实施培训的人数。

3.1.4　因工作技能和绩效不佳而不可能提升的人数。

3.2　制作员工调查表。

3.2.1　以职级为单位，制作公司员工名单，附年龄、工资、工作年限等(见下页表)。

公司人员名单

（职级名）					
号码	姓名	年龄	工作年限	工资	职位

3.2.2 制作员工现状调查表，注明职级、名称，并在年龄同职级相关的栏内填入代表姓名的号码(见下表)。

在职人员现况调查表

（年 月 日）

（科名） （工作场所） （管理者）

年龄(岁)	管理者	1级工	2级工	3级工	杂工	
60						
55						
50						
45						
40						
35						
30						
25						
20						
合计数	黑绿蓝蓝红 ○○○✓○	黑绿蓝蓝红 ○○○✓○	黑绿蓝蓝红 ○○○✓○	黑绿蓝蓝红 ○○○✓○	黑绿蓝蓝红 ○○○✓○	

3.2.3 代表姓名的号码用下列方式区分：

3.2.3.1 预定在5年内退休者标黑“○”；

3.2.3.2 能胜任目前职务并准备参加升级培训者，标蓝“○”；

3.2.3.3 不适合目前职务，为提高能力而参加培训者标绿“○”；

3.2.3.4　经过培训即可胜任目前职务且准备参加升级培训者，在绿“○”内打“√”；

3.2.3.5　没有升级可能又不参加培训者标红“○”。

3.3　分析必须培训的要素。

配合工作上的需求和预定减少的人数，并针对各职级需要制作作业培训要点分析表(见下表)。根据此表，标出5年内各职级必须参加培训的人数及培训要点，计算预定变动的总人数。

作业培训要点分析表

(科名)

(管理者名)　　　　　　(工作场所名)

(　年　月　日)

号码		管理者	1级工	2级工	3级工	杂工	合计
1	现有员工数						
2	必须接受提升培训的人数						
3	人事变动						
4	预定增加人数						
5	预定退休的人数(5年内)						
6	预定提升的人数						
7	必要人员合计数						
8	人事变动对策						
9	提升						
10	调动、录用						
11	补充人员数						
12	必须接受能力开发培训的人数						
13	必须接受职务培训合计数						

3.4　制订工作项目一览表。

可采用以下方法：

3.4.1　直接记录法：通过与下属或同事的沟通、磋商，制成职务详细说明书，让员工随时记下所示的工作名称，制作工作项目表(见下页表)，其中包括所用的机械设备、器具、作业内容，所要求的技能，应负的责任、工作方式等。

工作项目表

<table>
<tr><td>工作项目
(职级名称)　　　　　　　　(工作场所名称)</td></tr>
<tr><td></td></tr>
</table>

3.4.2 组织分析法：把工作场所内的所有工作分成若干作业期，并将每一作业期内的工作分类，制作工作分配表(见下表)；调查每一工作都有哪些职级的人在从事，在职级栏内打“✓”，最后制作各职级的工作项目表(见上表)。

工作分配表

<table>
<tr><td rowspan="2">工作名称</td><td colspan="3">实施负责人</td></tr>
<tr><td>1级工</td><td>2级工</td><td>3级工</td></tr>
<tr><td colspan="4"></td></tr>
</table>

3.5 找出公司员工必须接受培训的项目。

以职级为单位，根据员工现状调查表，制作员工培训预定表(见下表)。

员工培训预定表

<table>
<tr><td colspan="12">科：　　　工作场所：　　　职级：
日期：　　　管理者：</td></tr>
<tr><td colspan="3">接受培训者姓名</td><td colspan="9"></td></tr>
<tr><td rowspan="5">号码</td><td rowspan="5">工作项目</td><td>职级</td><td></td><td></td><td></td><td></td><td></td><td></td><td></td><td></td><td></td></tr>
<tr><td>年龄</td><td></td><td></td><td></td><td></td><td></td><td></td><td></td><td></td><td></td></tr>
<tr><td>工作年限</td><td></td><td></td><td></td><td></td><td></td><td></td><td></td><td></td><td></td></tr>
<tr><td>工资</td><td></td><td></td><td></td><td></td><td></td><td></td><td></td><td></td><td></td></tr>
<tr><td>现状</td><td>0</td><td>0</td><td>0</td><td>0</td><td>0</td><td>0</td><td>0</td><td>0</td><td>0</td></tr>
</table>

3.6 决定授课内容。

为了掌握员工从事各项工作所要求具备的知识和技能，必须制作能力需求表(见下表)，决定培训的知识条件、技能条件。

能力需求表

职级：	工作： 工作场所：
技能条件 （必须会什么）	知识条件 （必须知道什么）

3.7 决定培训的程序和步骤。

3.7.1 告知下属培训的内容、目的、时间和教师等。

3.7.2 决定培训方法：

3.7.2.1 个别指导(职务指导)。

3.7.2.2 集中培训。

3.7.2.3 会议式培训。

3.7.3 安排好培训对象培训期间原来工作的代理人，使其安心接受培训。

3.7.4 备齐培训的仪器、工具等必要设施，为培训做好准备。

3.7.5 根据工资条例有关规定支付培训对象培训期间的工资。

3.7.6 测定培训对象的作业成绩，随培训的进展确定培训成果标准。各职级的标准可根据各职级所需的知识、技能中代表性项目决定。

3.8 决定培训指导负责人。

3.8.1 视具体情况决定是否由管理者本人或委托他人进行指导：

3.8.1.1 培训对象的人数。

3.8.1.2 必须接受培训事项的性质——知识或技能、个别指导或集中培训。

3.8.1.3 必须接受培训的范围和课时。

3.8.1.4 接受培训的紧急程度。

3.8.1.5 管理者的其他职责和充分的时间保证。

3.8.1.6 管理者的指导能力。

3.8.2 指导负责人必须具备以下条件。

3.8.2.1 极好的学识、技能。

3.8.2.2 组织能力、策划能力。

3.8.2.3 协调性。

3.8.2.4 教学能力。

3.8.2.5 表达能力。

3.8.2.6 自制能力。

3.9 制作培训记录表和培训报告书。

3.9.1 培训记录表(见下表)。

培训记录表

(正面)

姓名：	工作号码：	工作场所：	科：	职级：
职务指导(个别指导)				
号码	工作名称	预定时间	培训日期及所需时间	所需时间合计
合作时间：				
指导员签名： 月 日		管理者签名： 月 日		

(背面)

集中培训——职务知识				
号码	讲义及课程	授课时间	结束日期	指导员签名
月 日	备注	月 日	备注	

3.9.2 培训报告(见下表)。

培训报告

<table>
<tr><td colspan="7">期间　　自　　月　　日至　　月　　日
科：　　　　　　　　　　　　　　工作场所：</td></tr>
<tr><td>培训的种类对象的职级讲义、课程</td><td>续前期接受培训者</td><td>本期内接受培训者</td><td>丧失资格</td><td>培训合格</td><td>下期继续培训</td><td>所需时间总计</td></tr>
<tr><td></td><td></td><td></td><td></td><td></td><td></td><td></td></tr>
<tr><td></td><td></td><td></td><td></td><td></td><td></td><td></td></tr>
<tr><td></td><td></td><td></td><td></td><td></td><td></td><td></td></tr>
<tr><td></td><td></td><td></td><td></td><td></td><td></td><td></td></tr>
<tr><td colspan="7">备注：</td></tr>
<tr><td colspan="7">年　　月　　日　　　　　　　　　　管理者签名：</td></tr>
</table>

3.10 制作培训责任分配表。

明确显示同培训活动有关人员的任务和责任。

3.11 制作公司员工培训计划书。

必须确保现场培训计划适合接受培训者，其方法、步骤同工作现场的特性相一致，最后把整个计划列成条文。

3.12 现场培训计划应具备的内容：

3.12.1 目的：应实施的培训、预期成果。

3.12.2 范围：培训对象的职级、时间长短。

3.12.3 管理方式：参加培训者的任务、责任，可填写在培训责任分配表中。

3.12.4 培训概要：实施培训的职位、课程及讲义。

3.12.5 步骤。

3.12.6 成效标准。

3.12.7 培训对象的工资。

3.12.8 记录报告。

3.13 本规定经总经理审核后颁布实施(修改时亦同)。

三、培训计划书

培训计划书

1　培训目标

建议描述内容提要：

1.1　使关键用户能够理解并熟练掌握标准业务流程的操作。

1.2　为后面的系统调研进行充分的交流做好充足的准备。

1.3　通过培训，使关键用户能够在贵公司担负起知识转移的任务。

2　学员应该参加的课程

培训内容表

角色 / 课程	领导人员	项目经理	财务会计	采购经理/采购计划员	仓库保管员	销售经理/销售业务员	技术部	生产负责人/计划员
ERP理念	✓	✓	✓	✓	✓	✓		✓
整体业务流程	✓	✓	✓	✓	✓	✓		✓
部门流程及软件讲解								
总账			✓					
报表			✓					
固定资产			✓					✓
应收应付			✓					
存货核算			✓					
采购管理				✓				
库存管理				✓	✓	✓		
销售管理						✓		
物料清单								✓
生产								✓

注：打“✓”为必须参加。

3　学员应具备的能力

建议描述内容提要：

3.1　计算机基础，比如熟练应用WIN2000操作系统，掌握基本的办公软件操作(如OFFICE),IE浏览器的熟练应用。

3.2　熟悉本单位的业务流程操作。

4　培训教师介绍

建议描述内容提要：

4.1　知识结构(学历、专业、接受的培训等)。

4.2　工作经历(包括来本公司以前的工作经历)。

4.3　已经实施过的项目。

5　具体安排

建议描述内容举例：

项目培训计划表

培训名称	××机械制造有限公司ERP信息系统培训			
培训时间	2009－11－07至2009－11－19			
培训地点				
培训进程表				
日期	时间	培训内容	角色	备注
11月7日	8：30~10：30	ERP理念简要介绍	全体人员	
11月7日	10:50~12:00	整体业务流程	全体人员	
11月7日	13:00~16:30	总账\报表软件讲解	财务人员	
11月8日	8:30~9:30		财务人员	上机练习
11月8日	9:30~12:00	固定资产\应收应付\存货软件讲解	财务人员	
11月8日	13:00~16:30		财务人员	上机练习
11月9日	8：30~12：00	采购部业务流程讲解\采购管理软件讲解	采购人员	解答问题

（续表）

培训进程表				
11月9日	13:00~16:30		采购人员	上机练习
11月12日	8：30~12：00	销售部业务流程讲解\销售管理软件讲解	销售人员	解答问题
11月12日	13:00~16:30		销售人员	上机练习
11月13日	8：30~10：30		保管员\销售业务员\采购业务员\材料会计	解答问题
11月13日	10:30~12:00			上机练习
11月13日	13:00~16:00	产品BOM的搭建及查询	技术部	解答问题
11月14日	8:30~12:00	简单生产流程讲解	生产计划员	解答问题
11月14日	13:00~16:30	简单生产软件讲解	生产计划员	
11月15日	全天			演练及上机
11月16日	8:30~12:00	计划生产流程讲解	生产计划员	解答问题
11月16日	13:00~16:30	计划生产软件讲解	生产计划员	
11月19日	全天			演练及上机

6　其他要求

6.1　对教室和教具的要求

建议描述内容举例：

6.1.1　配备亮度清晰的投影仪，最好是方形玻面。幕布同投影仪之间应有足够距离，幕布的尺寸能使投影片充分显示，便于后排听课人员看清。

6.1.2　配备安放稳妥的白板或黑板、与投影幕布在讲台两侧对称放置。准备书写流畅的笔和可以擦净板面的板擦。

6.1.3　讲台桌面的长度要能够放下投影仪、教员使用的投影片夹和其他教具。

6.1.4 教师窗帘和灯光布置上既不要影响投影效果，又要照顾看轻白板和听课人员记录需要。

6.1.5 无环境噪音干扰(车辆、生产、食堂、风机等)。

6.1.6 配备可固定又可手持的话筒，足够电线长度的接线板，不出噪音的扬声器。

6.1.7 有教桌以便于听课人员记录，有练习用机。

6.1.8 有适合不同听课人数的教室；椭圆会议桌或沙发、舞厅设备不宜用于教室。

6.2 对培训学员的要求。

建议描述内容举例：

6.2.1 培训学员必须严格遵守培训纪律，不得无故迟到、早退、旷课。

6.2.2 学员应提前对所培训内容进行预习，上课时认真做好笔记。

6.2.3 经过学习，受训学员必须能够熟练掌握标准业务在新系统中的处理流程，并能够担当起向其他最终用户进行知识转移的任务；否则应坚持自学，直到考核合格为止。

第三节　培训组织实施

一、新进员工培训控制程序

新进员工培训控制程序

1　目的

通过向新进员工介绍公司的概况、有关的规章制度等，使他们了解、熟悉公司的一般情况，从而适应公司的各种环境，胜任所从事的新工作。

2　适用范围

凡本公司新进员工，必须参加本公司所举办的入职培训，有关事项，均按照本程序办理。

3　管理规定

3.1 入职培训的时间。

3.1.1 新进员工的入职培训期为7～15天，每两周一次，具体时间另订。

3.1.2 培训部门应事先拟订好新进员工的入职培训计划表、入职培训进展记录表和工作技能评定标准表。

3.2 入职培训阶段。

3.2.1 凡本公司新进员工，其入职培训程序分为三个阶段：

3.2.1.1 公司总部的入职培训。

3.2.1.2 各部门的入职培训。

3.2.1.3 现场培训。

3.2.2 公司总部入职培训的重点是：

3.2.2.1 公司的状况。

3.2.2.2 参观公司各部门。

3.2.2.3 熟悉公司的产品。

3.2.2.4 如何与其他部门协调配合。

3.2.2.5 了解市场上其他公司的相同产品的生产、开发。

3.2.2.6 基本知识、素养的获得。

3.2.3 入职培训负责人应将受培训人员的长处、缺点等材料提供给以后的技术训练和实地训练负责人，以供参考。

3.2.4 各部门的入职培训负责人必须是新进员工的未来主管和实地训练负责人。

3.2.5 各部门入职培训的重点在于实际操作技术的获得。其要点如下：

3.2.5.1 每天的例行作业及可能的临时性业务。

3.2.5.2 从事未来工作的技能及从事工作的方法。

3.2.5.3 时间运筹和时间管理。

3.2.6 各部门入职培训负责人必须有丰富的经验，并掌握相应的技术，必须强调与实地训练密切配合。

3.2.7 实地培训即在一位专业人员的指导下试着从事即将开展的工作。指导人在一旁协助受培训者完成工作，告诉其优缺点及应改进的地方。

3.2.8 对于从事指导培训的人员，公司一律发给相应奖金，以促使他们精益求精，熟练、圆满完成指导培训的工作。

3.2.9 为有效达到入职培训的目标，应酌情安排、灵活运用上述入职培训阶段的计划，尽快予以实施。

3.3 入职培训的内容。

3.3.1 入职培训的内容。

3.3.1.1 公司的历史。

3.3.1.2 公司的组织结构。

3.3.1.3 公司的业务工作。

3.3.1.4 公司的管理规则。

3.3.1.5 业务知识，业务工作介绍。

3.3.2 凡本企业入职培训的内容，各公司、部门可根据自己本身的特点自行安排；同时须注意以下各项：

3.3.2.1 基础知识和专业技能的培训。

3.3.2.2 程序规划的入职培训。

3.3.2.3 态度与信息的培训。

3.3.3 必须确保经过入职培训，新进员工具有相应的基本知识，包括公司的组织结构、目标、政策、经营方针、产品及特性、市场的分析等，使他们对公司的性质及发展有一个初步了解，从而为他们今后在公司的发展提供良好的心理准备。

3.3.4 凡是新进员工，都应对他们进行程序规划的入职培训，以培养他们工作中的时间管理和计划能力，通过适当的组织和协调工作，按一定的程序达到工作目标。

3.3.5 入职培训要讲求效率原则，按一定的计划和步骤促进员工自我和公司的发展。

3.3.6 态度与语言入职培训的目的，在于促使公司新进员工拥有乐观、自信、积极的态度，以热忱服务、信誉至上的信念履行职责。

二、在职员工培训控制程序

在职员工培训控制程序

1 目的

为提高在职员工素质，改进知识和技能，以改善工作绩效，特制定本程序。

2 适用范围

凡本公司在职员工的培训及相关事项均按本办法办理。

3 程序内容

3.1 权责划分。

3.1.1 公司培训的权责。

3.1.1.1 举办全公司共同培训课程。

3.1.1.2 拟订、呈报全公司年度、月份培训课程。

3.1.1.3 制订、修改全公司培训制度。

3.1.1.4 上报全公司在职培训的实施成果和改善方案。

3.1.1.5 编撰、指定共同性培训教材。

3.1.1.6 审议培训计划。

3.1.1.7 检查、考核培训的实施情况。

3.1.1.8 审查、办理全公司外派培训员工。

3.1.1.9 研究、执行其他有关人才开发方案。

3.1.1.10 拟订各部门的权责。

3.1.2 各部门的权责：

3.1.2.1 汇总呈报全年度培训计划。

3.1.2.2 制定、修改专业培训规范。

3.1.2.3 确定培训师的人选。

3.1.2.4 举办内部专业培训课程及上报有关实施成果。

3.1.2.5 编撰专业培训教材。

3.1.2.6 检查本部门专业培训成果。

3.2 制定培训规范。

3.2.1 培训部应召集有关部门共同制定公司在职员工培训规范，为实施培训提供依据。其内容包括：

3.2.1.1 各部门的工作职务分类。

3.2.1.2 各职务类别的培训课程及总时数。

3.2.1.3 各培训课程的教材大纲。

3.2.2 各部门组织机构、职能改变后，或因新技术、新设备的引进导致生产条件、制造过程发生变化时，培训部门应根据实际需要对培训规范进行修订。

3.3 培训计划的订立。

3.3.1 各部门根据培训规范和实际需要填写在职培训计划表，并交培训部审核。

3.3.2 培训部将各部门的培训计划汇编成年度计划汇总表，上报人事部审核、签发。

3.3.3 各培训课程主办单位应在规定期限内，填写在职培训实施计划表，上报审核后，通知有关部门和员工。

3.3.4 临时性的培训课程，也需填写在职培训实施计划表，经上报审核后实施。

3.4 培训的实施。

3.4.1 培训部应依据在职培训实施计划时按实际培训，并负责该培训的全部事宜：如培训场地的选择、教材分发等。

3.4.2 如有辅助材料，培训师应在开课一周前把原稿交培训部统一印刷，并确保上课时发给学员。

3.4.3 各项在职培训实施时，参加培训的学员应签到，培训部应切实了解学员上课、出席情况。参加培训的学员应准时上课，因故不能参加者须办理请假手续。对于旷课、迟到、早退、不专心培训的学员参照相关奖惩规定处罚。

3.4.4 培训部应定期召开检查会，以评估各项培训课程的实施成果，并予以记录，送交有关单位参考以利改进。

3.4.5 各项培训结束后，应有相应的考试、测验，由主办单位或培训师负责监考；试卷应分为3～4类，由培训师提前送交主办部门。

3.4.6 各项培训考试因故缺席者，事后一律补考；不参加补考者，一律以零分计算。

3.4.7 培训考试的成绩、成果报告，作为员工考绩和升迁的参考。

3.5 呈报培训成果。

3.5.1 每期培训结束后，培训师应于一周内评定出学员的成绩，登录在职培训考试成绩单，连同试卷交人事部门，作为员工个人完整的培训资料保存。

3.5.2 培训部应在培训结束后一周内填报在职培训总结表及培训师讲课费用申请表，会同在职培训考试成绩表和学员意见调查表送交培训部，以支付费用并存档以备查。

3.5.3 如需支付教材编撰费用，主办单位应填报在职培训教材编撰费用申请表，经审核签发后支付。

3.5.4 各部门每隔3个月将在职培训实施情况上报人事部门和教育培训单位，以便了解该部门在职培训实施情况。

3.6 培训的评估。

3.6.1 每期培训结束后，主办部门应让培训学员填写在职培训学员意见调查表，并与考试答卷一并收回，送培训师转人事部审核，为今后再举办类似培训提供参考。

3.6.2 为评估各部门培训成效，各单位主管应填写培训成效调查表，由培训部汇总，并参考生产及销售绩效的变动，分析、评估培训成效；期后制成书面报告，经上报审核后分送各部门及有关人员，为下一次培训提供参考。

3.7 附则。

3.7.1 本公司教材编撰费用及培训师讲课费用的计算标准如下表：

项目	内容	费用标准
1	公司现有教材	每千字10元
2	外文翻译	每千字15元
3	个人著作	每千字20元
4	上班时间讲师讲课费	每小时10元
5	下班时间讲师讲课费	每小时20元

3.7.2 凡举办各种培训，均应以不影响工作为原则。如下班后培训超过1个小时或上下午均有培训时，应由主办单位负责提供饮或补助。

3.7.3 人事部门进行年度考绩、晋升等活动时应参考受训员工的培训成绩、资历等。

3.7.4 本办法呈总经理审核批准后颁实施，修改时亦同。

三、管理人员培训控制程序

管理人员培训控制程序

1　目的

为达到以下两个目标，特制定本程序。

(1)明确管理人员的角色行为，推动其完成经营目标。

(2)通过有效的方式和科学的程序，制定目标，解决问题；并通过受培训者的相互交流，丰富受培训者的知识，拓宽其视野。

2　适用范围

凡本公司管理人员的培训及相关事宜均按本程序执行。

3　程序内容

3.1 培训内容。

3.1.1 制定当前目标和实施方案。

3.1.2 明确管理人员的角色、行为。

3.1.3 学习解决问题的程序。

3.1.4 综合实施解决问题的讨论法。

3.2 培训方式。

本培训的实施方式采用授课、讨论、单独大脑风暴法等。

3.3 培训对象及时间。

公司的各级管理人员，时间为3天。

3.4 培训计划(见下表)。

管理人员培训计划

	第一天	第二天	第三天
上午	管理人员要解决的问题	各组发表意见 教师讲评 相互评价 审议解决问题的程序	各组发表意见 教师讲评 制订解决问题的计划
		午餐	
下午	确认挑战目标 (本公司管理人员角色)	解决当前问题 形成问题 分析问题	重审解决问题的程序 技法使用法 与教师交换意见
		晚餐	
晚上	综合解决问题的研讨	成员相互评价问题的优先顺序	

3.5 培训的具体实施方法。

3.5.1 培养受培训者解决问题的意识。受培训者研讨为达到经营目标，管理人员应扮演什么样的角色，采取何种行动(见下图)。

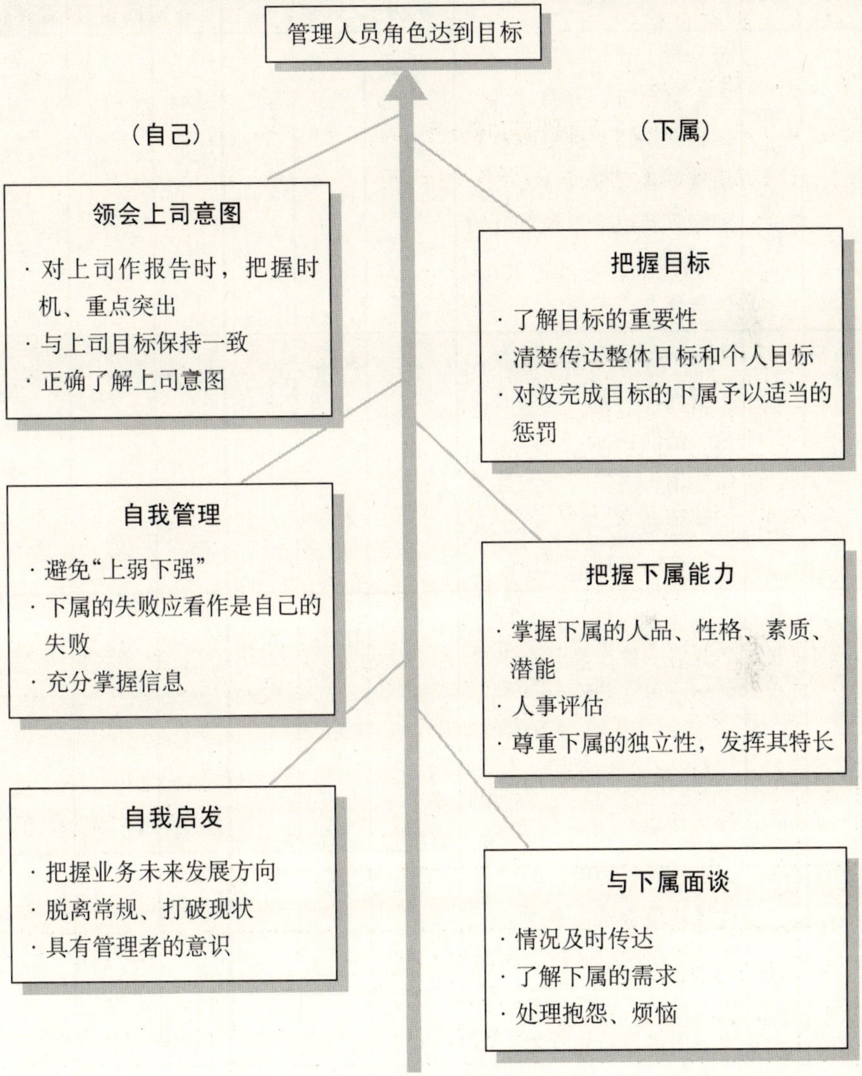

管理人员的角色

3.5.2 解决受培训者当前的问题。受培训者事先准备好所遇到的困难、问题，然后用所学到的技法解决实际问题(见下页表)。

解决问题工作表

<table>
<tr><th colspan="3">行动目标</th><th rowspan="2">自己的行动能力</th><th rowspan="2">负责人</th><th rowspan="2">执行程度</th><th rowspan="2">实行期限</th><th rowspan="2">进行状况的中间审查</th><th rowspan="2">实行结果的自我评估</th></tr>
<tr><th>顺序</th><th>项目</th><th>项目说明</th></tr>
<tr><td rowspan="5">1</td><td rowspan="5">市场分析</td><td>①分析、评价市场</td><td>C</td><td>○</td><td></td><td></td><td></td><td></td></tr>
<tr><td>②对客户进行分类</td><td>B</td><td>○</td><td></td><td></td><td></td><td></td></tr>
<tr><td>③根据销售员类型来对其负责的客户分类</td><td>C</td><td>○</td><td></td><td></td><td></td><td></td></tr>
<tr><td>④结算及设定各销售员的500名客户</td><td>B</td><td>△</td><td></td><td></td><td></td><td></td></tr>
<tr><td>⑤选择客户范例</td><td>C</td><td>○</td><td></td><td></td><td></td><td></td></tr>
<tr><td rowspan="4">2</td><td rowspan="4">制订计划</td><td>①设定每一季度的重点</td><td>A</td><td>○</td><td></td><td></td><td></td><td></td></tr>
<tr><td>②明确每一名销售员的角色、活动目标</td><td>C</td><td>○</td><td></td><td></td><td></td><td></td></tr>
<tr><td>③让销售员制订下个月的活动计划</td><td>C</td><td>○</td><td></td><td></td><td></td><td></td></tr>
<tr><td>④制订销售员的培训计划</td><td>C</td><td>○</td><td></td><td></td><td></td><td></td></tr>
<tr><td rowspan="4">3</td><td rowspan="4">营业活动管理</td><td>①实施每周计划表的行动</td><td>B</td><td>△</td><td></td><td></td><td></td><td></td></tr>
<tr><td>②开展一件产品一个申请函的销售</td><td>B</td><td>△</td><td></td><td></td><td></td><td></td></tr>
<tr><td>③通过跟踪进行评估工作</td><td>B</td><td>○</td><td></td><td></td><td></td><td></td></tr>
<tr><td>④针对同行业的竞争采取行动计划</td><td>C</td><td>○</td><td></td><td></td><td></td><td></td></tr>
<tr><td rowspan="4">4</td><td rowspan="4">行动管理</td><td>①实施以周为单位的访问计划并检查所做事项</td><td>B</td><td>△</td><td></td><td></td><td></td><td></td></tr>
<tr><td>②每月由主管进行个人面谈指导</td><td>B</td><td>○</td><td></td><td></td><td></td><td></td></tr>
<tr><td>③利用销售员检查表</td><td>C</td><td>○</td><td></td><td></td><td></td><td></td></tr>
<tr><td>④通过主管参与，制定每个月实施重点</td><td>C</td><td>○</td><td></td><td></td><td></td><td></td></tr>
</table>

注：A：自己动手做　B：下属做　C：由其他人(部门)协助　D：必须由其他部门协助

○：充分执行　△：一般　×：不足

3.5.3 鼓励受培训部门及个人的创造思考(见下图)。

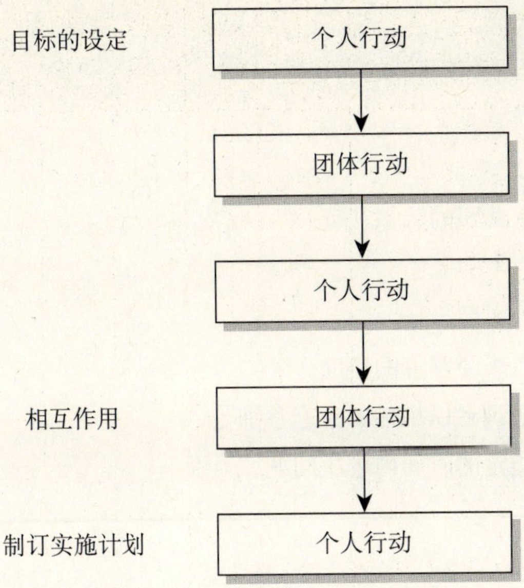

实施培训的程序

3.5.4 重新审视对所学技法的理解程度，并应用到工作现场。

3.5.4.1 完成程度(观点、事项、图示等)。

(1)目标的准确性如何。

(2)定立的标准是否具体。

(3)描述的观点是否清晰、准确。

(4)事项是否能表现在行动上。

3.5.4.2 有效程度(目标所达到结果如何)。

(1)是否有创造性。

(2)是否得到实践性的结果。

(3)是否有遗漏之处。

3.5.4.3 理解程度：

(1)是否清楚了解技法的内容？到何种程度。

(2)是否了解系统化思考的优点。

3.5.4.4 达到程度：

(1)是否背离了技法的程序。

(2)讨论的效率如何。

3.5.4.5 参与程度(参加者的满足感)：

(1)是否乐于交换意见。

(2)是否自主参与。

(3)对问题是否有共同的认识？

3.6 培训要点。

本培训实施时要注意：

3.6.1 必须有上级经营者的协助。

3.6.2 确保受培训者以坦然的心态参加。

3.6.3 必须在指定的时间内解决问题。

四、岗前培训制度

岗前培训制度

1 目的

此文件确立本公司与职员的能力、意识及培训相关的要求与活动。

2 适用范围

此文件适用于公司内之职员及员工。

3 定义

3.1 入职培训：一般由人事部门对新加入本公司员工进行的培训，内容包括公司的质量方针、质量目标，厂纪厂规，公司概况、ISO 9001：2000基础知识，5S基础知识。

3.2 在职培训(又称岗位培训)：一般由所属部门主管或组长针对该工作岗位对新员工／调职员工进行的现场培训。主管或组长应根据该工作岗位的工作指导(如需要加上有关的培训指导)及实际工作经验或技巧进行现场培训。

3.3 入职要求：在岗位职责中列出有关职位入职要求。

4　权责

4.1 行政部：

4.1.1 制定本公司的能力、意识、培训控制程序，确定公司在职员工及待入职员工所需的能力意识培训要求。

4.1.2 制订本公司的年度培训计划。

4.1.3 协调有关的内部及外部培训。

4.1.4 保留有关的培训记录及统一存档。

4.1.5 制定本公司岗位的入职要求。

4.1.6 执行有关的入职培训，培训一般为一星期，如因特殊情况，主管可加长培训期。

4.1.7 制订本公司的绩效考核制度。

4.1.8 需确保执行内部质量审核组员经过相关培训(内部质量审核员培训或外部相关培训)

4.2 制造课：

4.2.1 如需要时，制定相关的能力、意识、培训指引，确认相关岗位人员所必须具备的能力、意识要求。

4.2.2 针对员工的工作岗位，根据相关的工作指导或培训指导进行在职培训。

4.2.3 生产员工的培训期一般为一星期，如因特殊情况，主管可加长培训期。

4.2.4 组长或主管应监察在职培训中的员工表现及其生产的产品或半成品。

4.2.5 如培训合格后，应填妥相关的培训记录并由本部门统一存档。

4.2.6 如培训不合格，组长或主管应决定是否放弃，再培训或转职再培训。

4.2.7 当生产员工调职至新工作岗位或新制程/机器时，主管须安排员工再培训。

4.2.8 须确保职员符合指明职位的入职要求。

4.3 品管课：

4.3.1 如需要时，制定相关的能力、意识、培训指引。

4.3.2 针对员工的工作岗位，根据相关的工作指导或培训指导进行在职培训。

4.3.3 品管员工的培训一般为两星期，如因特殊情况主管可加长培训期。

4.3.4 组长或主管应监察在职培训中的品管员工的检验能力及对好坏品的分别。

4.3.5 如培训合格后，应填妥相关的培训记录并由本部门统一存档。

4.3.6 如培训不合格，组长或主管应决定是否放弃，再培训或转职再培训。

4.3.7 当品管员工调职至新检验岗位或应用新检验设备/仪器时，各主管须安排员工再培训。

4.3.8 须确保职员附合指明职位的入职要求。

4.3.9 须确保执行仪器校正的员工附合有关职位的入职要求或经过相关的在职校正培训。

4.4 各相关部门

4.4.1 须确保其职员符合有关职位的入职要求。

4.4.2 如有特别需要，须汇同人事人员作出相应的培训安排。

5 内容

5.1 制造课员工培训。

5.1.1 在有需要的情况下，制造课须制定相关的能力意识培训指引。

5.1.2 当有新员工或调职员工时，有关的部门主管或组长根据相关的工作经验/技巧，工作指引或培训指导进行为期一星期的现场在职培训。

5.1.3 于在职培训当中，主管或组长须监察员工的表现，提供相应的指导并确保该工序的产品或半成品附合有关要求。

5.1.4 如培训合格，主管或组长应填妥相应的培训记录并由本部门统一存档。

5.1.5 如培训不合格，组长或主管应根据员工的表现决定是否加长培训期，调职再培训或放弃。

5.1.6 当有调职，新机器或新制程时，主管应该按时安排员工再培训。

5.1.7 当有不同职位的新职员入职时，须确保能附合入职要求一览表上的入职要求。

5.2 品管科员工培训。

5.2.1 在有需要的情况下，品管须制定相关的培训指引

5.2.2 当有新员工或调职员工时，有关的部门主管/工程师或组长须根据相关的工作经验/技巧，工作指引或培训指导进行为期一星期的现场在职培训

5.2.3 在职培训中，主管须根据需要，指导员工有关的检验技巧。以下为有关的项目以作参考：

5.2.3.1 抽样表的应用。

5.2.3.2 理解及执行相关的工作指导或检查要求。

5.2.3.3 使用相关的检验设备/仪器。

5.2.3.4 填写相关的检验记录。

5.2.3.5 坏品的标记及存放。

5.2.3.6 GP产品检验标准、产品成分报告、产品检测报告等相关资料正规性判定。

5.2.3.7 其他相关的工作项目。

5.2.4 于现场在职培训中，主管/组长须监察员工的表现并确保该岗位的产品或半成品的检验附合有关的要求。

5.2.5 如培训合格后，应填妥相关的培训记录并由本部门统一存档。

5.2.6 如培训不合格，主管/组长应根据员工的表现决定是否加长培训期，调职再培训或放弃。

5.2.7 当有调职或新检验设备/仪器时，主管应按时安排员工再培训。

5.3 各相关部门员工培训。

5.3.1 在有需要的情况下，各相关部门须制定相关的培训指引。

5.3.2 当有新员工或调职员工时，有关之部门主管/工程师或组长须根据相关之工作经验/技巧，工作指引或培训指导进行为期一星期之现场在职培训

5.3.3 于现场在职培训中，主管/组长须监察员工之表现并确保该岗位之产品或半成品之检验附合有关之要求。

5.3.4 如培训合格后，应填妥相关之培训记录并由本部门统一存档。

5.3.5 如培训不合格，主管/组长应根据员工之表现决定是否加长培训

期，调职再培训或放弃。

5.3.6 当有调职或新设备/仪器时，主管应按时安排员工再培训。

5.4 行政部须制订年度培训计划并分发至相关部门、人事人员须与各部门达成共识去落实年度培训，于定期之管理评审时，须复核培训系统的状况及年度培训计划的进程。

5.5 行政部须制订公司的人员能力考核、评估制度，并主持实施各部门员工的能力考核。

5.6 内审组员须经过相关的内部审核员培训或外部的有关审核培训。

5.7 负责执行仪器校准的人员须符合入职要求或经过有关的校准培训。

5.8 负责执行设备/仪器保养的人员须附合入职要求或经过有关的保养培训。

5.9 负责文控的人员须附合入职要求或经过有关文件处理的在职培训。

5.10 如有特别需要时，人事人员可汇同其他相关部门安排有关内部或外部培训。

5.11 若需要时，将报告公司安排组织外间培训课程或聘请顾问到公司进行。

5.12 如有职员未能附合有关的入职要求而部门主管认为该员适用时，须由经理级人员签核聘用。

5.13 考核记录。

5.13.1 将按照公司制订的日程安排进行培训，并做好详细记录：时间、地点、人员、内容、授课人及考核结果，建立规范的培训档案。

5.13.2 对培训的人员进行口试并填写员工培训档案或笔试且试卷存档，未培训合格者根据情况决定是否要再进行培训，直到完全符合要求为止。

5.13.3 每年年底，将全年培训的效果提交高层管理人员进行评审，听取意见，并预先制订出明年培训计划。

5.14 讲师资格。

5.14.1 各部门科长(含)以上人员。

5.14.2 经过外训合格者。

5.14.3 内部培训合格者。

5.14.4 外聘讲师。

5.15 记录。

5.15.1 人事人员须保留职员/员工的入职记录。

5.15.2 人事人员须保留有关能力考核记录。

五、应届毕业生培训考核制度

应届毕业生培训考核制度

1　目的

为广纳贤才，培养人才，促进企业进一步发展，同时为应届大学生发展创造条件，特制定本制度。

2　适用范围

本公司引进的应届大学毕业生。

3　权责

3.1 本制度由行政人事部制定，总经理(常务副总裁)核准。

3.2 本制度由签发之日起开始实施，由行政人事部负责解释并监督实施。

3.3 之前有如此相应之规定以此为准，本制度如有变更将另行制定。

4　内容

应届大学毕业生经本公司面试、考核合格后，正式录用为公司员工(以下将已录用的应届大学毕业生简称为员工)，并实施以下培训考核：

4.1 入职培训考核：

4.1.1 入职培训内容包括：企业简介、企业概况、厂规厂纪、员工礼仪、工业安全与消防等公司规章制度。

4.1.2 员工报到当天，由行政人事部培训员对其进行为期一天的入职培训，让其了解公司环境、概况等企业文化的内容，使其能较快适应公司的运作方式。

4.1.3 培训结束后，员工书写心得体会上交培训员，培训员对其培训课程进行考核，对不合格者可以安排再培训考核，如仍不合格者，公司有权辞退。

4.1.4 考核记录和员工心得体会均记入个人档案存档，为以后的定岗定级提供参考。

4.2 车间培训考核：

4.2.1 车间培训内容包括：车间规章制度、产品知识、岗位职责、工序要求、5S管理。

4.2.2 入职培训考核合格后，由行政人事部安排员工到各车间试用实习，试用期一般为三个月。

4.2.3 在试用期间，各车间负责人不断培训、辅导员工，让其循序渐进的掌握知识技能。

4.2.4 试用期满后，员工上交工作总结报告，各车间负责人对员工进行工作能力、工作态度、工作业绩等方面考核，对考核不合格者公司有权辞退，考核合格者进入实习期。

4.2.5 考核记录和员工工作总结报告均记入个人档案存档，为以后的定岗定级提供参考。

4.3 岗位培训考核：

4.3.1 岗位培训内容包括：部门工作性质、工作职责、岗位职责、工作内容、部门人员介绍、人员学习。

4.3.2 试用期满合格后，行政人事部根据考核结果，依工作需要调至相关部门、科室实习，实习期一般为九个月。

4.3.3 在实习期间，部门、科室负责人安排员工在适当岗位，并对其进行不断培训、讲解、辅导。

4.3.4 实习满后，员工上交工作总结报告，部门、科室负责人对员工进行业务能力表现、人际关系处理、心理承受能力等方面考核，对考核不合格者公司有权辞退，考核合格者，公司依据以上各项考核意见对员工定岗定级。

4.3.5 所有考核资料均记入个人档案存档。

六、培训经费管理规定

培训经费管理规定

1 目的

为使集团及其所属公司在培训经费的预算、计划、运用、控制等管理上有所依循。

2 范围

年度培训预算内的各项费用申报管制。

3 管理权限规定

3.1 ××学院培训经理。

3.1.1 根据集团愿景、战略、人力资源方针、年度营业目标和培训费用指标等整体规划，做出年度培训总预算，并依总预算规划出各类培训费用比率和人均培训费用比率。

3.1.2 负责审核集团总部范围内的相关培训费用申报，包括内部讲师费用管制，聘外讲师费用管制、派外训练费用审核、开班开课杂项费用管制、优秀培训单位及个人年度奖励费用管理等。

3.2 二级培训单位经理。

3.2.1 根据××学院规划的各类培训费用比率和人均培训费用比率，严格管制本事业部(公司)的年度培训经费。

3.2.2 负责审核本事业部(公司)职能部门的派外训练费用申报。

3.3 三级培训单位经理。

3.3.1 根据二级培训单位或××学院规划的各类培训费用比率和人均培训费用比率，严格管制所在公司(工厂)、销售公司的年度培训经费。

3.3.2 负责审核所在公司(工厂)、销售公司范围内的相关培训费用申报，包括内部讲师费用、聘外讲师费用、开班开课杂项费用等。

3.4 事业部(公司)总经理/集团职能中心总监。

3.4.1 负责审核本事业部(公司)/本部门的年度培训经费。

3.4.2 负责审核所属员工提交的派外训练费用申报。

3.5 集团人力资源总监/财务总监。

3.5.1 负责审核××学院提交的年度培训总预算。

3.5.2 负责会签集团及所属公司的各项培训费用申报。

3.6 集团总裁。

3.6.1 负责审批××学院提交的年度培训总预算。

3.6.2 负责审批集团及所属公司的各项培训费用申报。

4 管理程序规定

4.1 年度培训预算。

4.1.1 集团人力资源部根据集团愿景、战略、人力资源方针、年度营业目标等总体规划，交办××学院做出年度培训总预算，并随人力资源年度预算提交集团领导审批。

4.1.2 ××学院根据审批的年度培训总费用有效划分到二级、三级培训单位和重点培训项目上，（重点培训项目费用乃××学院和二级、三级培训单位通用，故在年度预算时统一有××学院规划）。

4.1.3 二级、三级培训单位根据××学院分配的年度培训费用，有效运用到年度培训计划课程上，并呈报直属行政领导审核，以利日后各项培训经费之申报。

4.2 内/外培训费用申请。

4.2.1 集团职能中心人员若需申请内/外培训费用，由需求人直接向单位主管提交“内/外培训申请方案”，经核可后再逐级向部门主管、××学院培训经理、人力资源总监、财务总监审核，最后呈集团总裁审批。

4.2.2 事业部或其属下公司人员若需申请内/外培训费用，须经所在公司的单位主管及二级或三级培训经理核可，然后再逐级向上呈报。

4.3 内/外培训费用报批培训需求单位已产生的内/外培训费用，不用再通过培训单位核可，只要附带《内/外培训申请方案》和财务“报销汇总单”按行政权限逐级向上申报即可。

4.4 培训费用申报流程。

（见下页）

5 附则

本规定自颁布日起实施，试行期为半年。

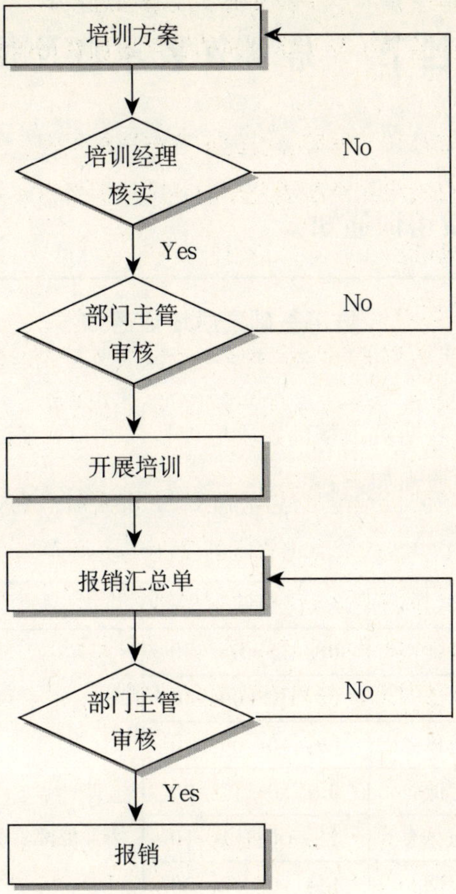

培训费用申报流程

第四节　培训效果评估及反馈

一、员工基础素质培训通知

员工基础素质培训通知

各位同事：

欢迎你参加第×期员工基础素质培训！

现将有关事项通知如下：

一、时间和地点

	项目	时间	地点
3月12日 上午培训	签到	08：15～08：30	上课地点： 就餐地点：
	上课	08：30～09：40	
	课间休息	09：40～09：50	
	上课	09：50～11：00	
	课间休息	11：00～11：10	
	上课	11：10～12：20	
	培训反馈	12：20～12：30	
	午餐	12：30～13：30	

二、纪律要求

(1)按时上下课，如有特殊原因不能参加或中途离开，请向有关工作人员请假。

(2)上课专心听讲，保持安静；关闭手机或调到振动位置。

(3)保持环境卫生，上课期间请勿吸烟。

感谢你的配合！

人力资源部

2009年3月10日

二、培训协议书

培训协议书

甲方：____________________

乙方：____________________

姓名：__________　年龄：________　性别：_______出生年月：__________

学历：__________　专业：________　身份证号码：____________________

家庭住址：____

为提高员工的基本素质及职业技能，公司鼓励并支持员工参加职业培训。为确保员工圆满完成培训学业，并按时返回公司工作，甲乙双方订立如下协议：

第1条　甲方同意乙方赴_______________学习__________专业，学习期自______年_____月____日起至_____年_____月_____日，实计为期___________。

第2条　乙方应在甲方指定或与甲方约定的学校及专业就学。如需要变更，应事先通知甲方，并得到甲方的批准；否则，以旷工论处。

第3条　乙方的学习时间，计入工作时间之内，按连续工龄累计。

第4条　学习培训期间乙方的工资视情况按原工资办法的_____________支付。在晋级或工资调整时，乙方作为在编人员处理。社会保险原则上按有关规定作为在编人员处理。

第5条　乙方学习期间患有不能继续学业的疾病时，应接受甲方指令终止学习，返回公司，并依有关规定处理。

第6条　乙方在学习期间，必须每隔_________天向甲方书面报告一次学习情况，并附学校有关成绩等方面的记录。

第7条　乙方应自觉遵守培训校方的各项规定与要求。凡因违规违纪而受到校方处分的，甲方将追加惩处，视同在本公司内的违纪。

第8条　乙方在培训学习期间的学费、书费、调研费、实习费、上机费、住宿费、来回往返公司的交通费(需有事招回)由甲方全额承担。

第9条　乙方如在培训学习期间辞职，应向甲方交纳所负担的全部培训学习费用的2.5倍。

第10条　培训学习结束后，乙方应在甲方连续工作_____年。如一年内辞职应向甲方交纳公司负担培训费用80%；如2年内辞职应向甲方交纳公司负担培训费用60%；如3年内辞职应向甲方交纳公司负担培训费用40%；如4年内辞职应向甲方交纳公司负担培训费用20%；5年后则可免交培训费用；因违纪被公司辞退的员工也照此办理。

第11条　在培训期间，甲方给乙方伙食________元／月。若在培训学习期间，乙方接受甲方交付的调查或安排出差，差旅费按员工差旅费规则支付。

第12条　培训学习结束后，乙方应及时返回，并向甲方报到。

第13条　乙方应找第三方做担保人。乙方如有逾期不归、学习期间从事超越学习范围的业余活动或擅自更改培训学习方向与内容等行为时，其乙方的担保人承担乙方全部培训学习费用。若乙方涉及法律责任，应由该员工自负，与甲方无关。

第14条　乙方在学习期间成绩优异，有杰出表现，甲方将视情况给予奖励。

第15条　本协议一式两份，甲乙双方各执一份。

甲方签章：　　　　　　　　乙方签章：

法定代表人签名：

年　月　日　　　　　　　　年　月　日

三、培训评估调查问卷

培训评估调查问卷

一、培训组织情况调查问卷

说明：你对本次培训的意见是非常重要的，请完整而诚实地回答，并在相应的括号内打上“✓”。谢谢你的配合。

(1)在参加本次培训之前，你的培训需求受关注程度如何？

很高(　)　高(　)　一般(　)　差(　)

(2)培训计划的安排对你的意见关注程度如何？

很高(　)　高(　)　一般(　)　差(　)

(3)在参加培训之前你得到通知的及时性如何?

很高( ) 高( ) 一般( ) 差( )

(4)培训通知对你了解本次培训的各项安排的帮助程度如何?

很高( ) 高( ) 一般( ) 差( )

(5)你觉得本次培训就餐安排情况如何?

很好( ) 好( ) 一般( ) 差( )

(6)你觉得本次培训交通安排情况如何?

很好( ) 好( ) 一般( ) 差( )

(7)你觉得本次培训住宿安排情况如何?

很好( ) 好( ) 一般( ) 差( )

(8)在本次培训正式开始之前,你对本次培训的组织安排工作的印象如何?

很好( ) 好( ) 一般( ) 差( )

(9)在本次培训结束后,你对本次培训组织安排情况的印象如何?

很好( ) 好( ) 一般( ) 差( )

(10)你希望今后的培训在组织方面应该如何改进?

____

二、培训环境及设施调查问卷

说明:你对本次培训的意见是非常重要的,请完整而诚实地回答,并在相应的括号内打上"✓"。谢谢你的配合。

(1)你觉得本次培训运用的视听器材对于你听清授课内容的帮助情况如何?

很好( ) 好( ) 一般( ) 差( )

(2)你觉得视听器材对于帮助你看清授课内容的帮助情况如何?

很好( ) 好( ) 一般( ) 差( )

(3)你觉得本次培训地点的噪音影响程度如何?

很大( ) 大( ) 一般( ) 无( )

(4)你认为本次培训课室温度调控情况如何?

很好( ) 好( ) 一般( ) 差( )

(5)你认为本次培训听课场所的光线控制如何?

很好( ) 好( ) 一般( ) 差( )

(6)你认为本次培训所用的桌椅等设施的适合情况如何？

很好(　) 好(　) 一般(　) 差(　)

(7)你认为本次培训讨论会场、活动场所安排如何？

很好(　) 好(　) 一般(　) 差(　)

(8)你认为本次培训设施运用现代化程度如何？

很高(　) 高(　) 一般(　) 差(　)

(9)你认为今后的培训项目在培训环境和培训设施安排上应该如何改进？

三、培训课程及教材评估调查问卷

说明：你对本次培训的意见是非常重要的，请完整而诚实地回答，并在相应的括号内打上“√”。谢谢你的配合。

(1)培训中发给你的有关培训内容的资料其全面性和质量情况如何？

很好(　) 好(　) 一般(　) 差(　)

(2)培训教材的适用情况怎样？

很好(　) 好(　) 一般(　) 差(　)

(3)培训课程安排满足你的需求情况如何？

很好(　) 好(　) 一般(　) 差(　)

(4)课程内容对于满足培训目标的程度如何？

很好(　) 好(　) 一般(　) 差(　)

(5)课程内容的正确性如何？

很好(　) 好(　) 一般(　) 差(　)

(6)课程内容的系统性、逻辑性如何？

很好(　) 好(　) 一般(　) 差(　)

(7)课程内容的创新性如何？

很好(　) 好(　) 一般(　) 差(　)

(8)课程案例的适用情况如何？

很好(　) 好(　) 一般(　) 差(　)

(9)课程的重点突出情况如何？

很好(　) 好(　) 一般(　) 差(　)

(10)课程的讲授速度如何？

很快(　) 快(　) 刚好(　) 慢(　)

(11)课程的深浅程度如何？

太深(　) 深(　) 刚好(　) 浅(　)

(12)课堂练习的适用情况如何？

很好(　) 好(　) 一般(　) 差(　)

(13)本次培训所学内容回到工作岗位的可用情况如何？

很多(　) 多(　) 一般(　) 少(　)

(14)培训过程中的讨论、练习与课程主题的相关性如何？

很强(　) 强(　) 一般(　) 差(　)

(15)你认为今后的课程安排应该如何调整？

____

四、培训形式及结构评估调查问卷

说明：你对本次培训的意见是非常重要的，请完整而诚实地回答，并在相应的括号内打上“√”。谢谢你的配合。

(1)你认为课程编排顺序如何？

很好(　) 好(　) 一般(　) 乱(　)

(2)你认为课时安排的长短如何？

很好(　) 长(　) 刚好(　) 短(　)

(3)你认为培训中的练习安排情况如何？

太多(　) 多(　) 刚好(　) 少(　)

(4)你认为培训中的活动对于提高培训效果的影响程度如何？

很好(　) 好(　) 一般(　) 差(　)

(5)你认为培训中活动安排的情况如何？

太多(　) 多(　) 刚好(　) 少(　)

(6)你认为培训的参与性怎样？

很好(　) 好(　) 一般(　) 差(　)

(7)你认为培训中的参与的程序如何？

太多(　) 多(　) 刚好(　) 少(　)

(8)你认为培训中讨论的作用如何?

很好( ) 好( ) 一般( ) 差( )

(9)你认为培训中讨论的时间如何?

太多( ) 多( ) 刚好( ) 少( )

(10)你认为培训中安排的练习、讨论和活动占用的时间长短情况如何?

太长( ) 长( ) 刚好( ) 短( )

(11)你认为本次培训形式的生动活泼性如何?

很好( ) 好( ) 一般( ) 差( )

(12)你认为培训形式上应该如何进行改进?

____

五、培训讲师调查问卷

说明:你对本次培训的意见是非常重要的,请完整而诚实地回答,并在相应的括号内打上"✓"。谢谢你的配合。

(1)讲师的仪表情况怎样?

很好( ) 好( ) 一般( ) 差( )

(2)讲师的动作举止情况如何?

太夸张( ) 夸张( ) 刚好( ) 拘谨( )

(3)讲师的语言表达和理解程度如何?

很好( ) 好( ) 一般( ) 差( )

(4)讲师语言表达准确程度如何?

很好( ) 好( ) 一般( ) 差( )

(5)讲师的语调运用技巧如何?

很好( ) 好( ) 一般( ) 差( )

(6)讲师对授课速度的掌握如何?

很好( ) 好( ) 一般( ) 差( )

(7)讲师授课与学员的互动性如何?

很好( ) 好( ) 一般( ) 差( )

(8)讲师在调节课堂气氛方面做得如何?

很好( ) 好( ) 一般( ) 差( )

(9)讲师在接受学员意见方面做得如何?

很好(　) 好(　) 一般(　) 差(　)

(10)讲师在回答学员提问方面做得如何?

很好(　) 好(　) 一般(　) 差(　)

(11)讲师在讲课过程中对主题的把握如何?

很好(　) 好(　) 一般(　) 差(　)

(12)讲师在讲课过程中对学员的进步给予肯定的情况如何?

很好(　) 好(　) 一般(　) 差(　)

(13)讲师控制讨论、活动和练习的情况如何?

很好(　) 好(　) 一般(　) 差(　)

(14)讲师在课程结束时对讲过的重点内容归纳情况如何?

很好(　) 好(　) 一般(　) 差(　)

(15)讲师在课程结束时对如何运用培训内容给出的指导情况如何?

很好(　) 好(　) 一般(　) 差(　)

(16)你对讲师的其他意见?

六、主持人及工作人员调查问卷

说明：你对本次培训的意见是非常重要的，请完整而诚实地回答，并在相应的括号内打上"✓"。谢谢你的配合。

(1)主持人的仪表情况如何?

很好(　) 好(　) 一般(　) 差(　)

(2)主持人在控制培训纪律方面做得如何?

很好(　) 好(　) 一般(　) 差(　)

(3)主持人在提示有关培训计划调整或注意事项方面做得如何?

很好(　) 好(　) 一般(　) 差(　)

(4)主持人在主持培训过程中对培训内容的引导和提示方面做得如何?

很好(　) 好(　) 一般(　) 差(　)

(5)主持人在调动学员学习积极性方面做得如何?

很好(　) 好(　) 一般(　) 差(　)

(6)主持人在调节培训气氛方面做得如何？

很好(　　) 好(　　) 一般(　　) 差(　　)

(7)其他工作人员的仪表情况如何？

很好(　　) 好(　　) 一般(　　) 差(　　)

(8)其他工作人员的言行礼仪情况如何？

很好(　　) 好(　　) 一般(　　) 差(　　)

(9)其他工作人员工作的主动性如何？

很好(　　) 好(　　) 一般(　　) 差(　　)

(10)你对主持人的意见？

____

(11)你对其他工作人员的意见？

____

七、培训评估综合调查问卷

说明：你对本次培训的意见是非常重要的，请完整而诚实地回答，并在相应的括号内打上“√”。谢谢你的配合。

1.关于培训组织

(1)在界定本次培训目标过程中，你的培训需求是怎样让培训管理者了解的？

(2)本次培训的内容适合你的需要情况吗？

(3)有关本次培训的计划制订，你了解情况吗？

(4)培训开展之前，你收到有关本次培训的详细资料情况吗？

(5)有关本次培训组织工作，做得较好的有哪些？

(6)培训的组织工作有哪些应该进行调整，如何调整？

2.关于培训课程及教材

(1)本次培训的课程安排有哪些非常适用？

(2)本次培训的课程有哪些不足，应该如何改善？

(3)本次培训课程教材有哪些优点？

(4)本次培训课程教材有哪些不足，应该如何改善？

3.关于培训形式和结构

(1)本次培训形式有哪些优点?

(2)本次培训形式有哪些不足，应该如何改善?

(3)本次培训的结构安排有哪些优点?

(4)本次培训的结构安排有哪些不足，应该如何改善?

4.关于培训环境和设施

(1)本次培训环境安排有哪些优点?

(2)本次培训环境安排有哪些不足，应该如何改善?

(3)本次培训的设施应用有哪些可取之处?

(4)本次培训的设施应用有哪些不足，应该如何改善?

5.关于培训讲师、主持人和其他工作人员

(1)本次主讲讲师有哪些优点?

(2)本次主讲讲师有哪些不足，应该如何改善?

(3)本次培训的主持人有哪些优点?

(4)本次培训的主持人有哪些不足，应该如何改善?

(5)本次培训的其他工作人员有哪些优点?

(6)本次培训的其他工作人员有哪些不足，应该如何改善?

6.关于培训效益

(1)你认为本次培训产生的正面影响有哪些?

(2)你认为本次培训投入的时间和费用对于培训收获来讲值得吗?为什么?

7.关于培训后的行动

(1)你将如何运用你在本次培训中所学的内容?

(2)如果你的同事也有同样的培训需求，你会给他什么样的建议?

8.请选择你对本次培训的整体满意程度

很满意(　)　满意(　)　一般(　)　不满意(　)

八、培训学员自我评估调查问卷

说明：你对本次培训的意见是非常重要的，请完整而诚实地回答，并在相应的括号内打上“√”。谢谢你的配合。

(1)你对参加本次培训的盼望程度如何?

很高(　)　高(　)　一般(　)　低(　)

(2)你认为培训对你的工作帮助和个人成长的影响程度如何？

很大(　) 大(　) 一般(　) 小(　)

(3)培训开始时，你持有的反对意见程度如何？

很大(　) 大(　) 很小(　) 无(　)

(4)你对本次培训效果的期望程度如何？

很大(　) 大(　) 一般(　) 小(　)

(5)你在本次培训中的出勤情况？

很好(　) 好(　) 一般(　) 差(　)

(6)你在本次培训中与工作人员的配合情况如何？

很好(　) 好(　) 一般(　) 差(　)

(7)你在遵守本次培训活动纪律方面？

很好(　) 好(　) 一般(　) 差(　)

(8)你在完成本次培训课程中的练习情况？

很好(　) 好(　) 一般(　) 差(　)

(9)你在听课过程中注意力集中的情况如何？

很好(　) 好(　) 一般(　) 差(　)

(10)你对本次培训不满意的情绪影响你的学习情况程度如何？

很大(　) 大(　) 一般(　) 无(　)

(11)你在听课过程中提出疑问和发表不同见解的主动性如何？

很强(　) 强(　) 一般(　) 差(　)

(12)你在听课过程中回答讲师提问的主动性如何？

很强(　) 强(　) 一般(　) 差(　)

(13)你对自己在本次培训活动中的表现的整体评价如何？

很好(　) 好(　) 一般(　) 差(　)

九、培训者对培训学员评估调查问卷

说明：你对本次培训的意见是非常重要的，请完整而诚实地回答，并在相应的括号内打上“√”。谢谢你的配合。

(1)学员在参加本次培训时表现的积极性如何？

很高(　) 高(　) 一般(　) 差(　)

(2)学员在进行培训需求调查时的配合情况如何？

很好(　　)　好(　　)　一般(　　)　差(　　)

(3)学员在进行培训计划制订时的配合情况如何？

很好(　　)　好(　　)　一般(　　)　差(　　)

(4)学员参加本次培训的出勤情况如何？

很好(　　)　好(　　)　一般(　　)　差(　　)

(5)学员在遵守培训时间方面做得如何？

很好(　　)　好(　　)　一般(　　)　差(　　)

(6)学员在遵守培训纪律方面表现如何？

很好(　　)　好(　　)　一般(　　)　差(　　)

(7)学员在主动提出建设性意见方面做得如何？

很好(　　)　好(　　)　一般(　　)　差(　　)

(8)学员在培训过程中出现溜号或睡觉的情况如何？

很多(　　)　多(　　)　很少(　　)　没有(　　)

(9)学员在完成培训中的相关任务的情况如何？

很好(　　)　好(　　)　一般(　　)　差(　　)

(10)学员在听课过程中提出疑问的主动性如何？

很强(　　)　强(　　)　一般(　　)　差(　　)

(11)学员在回答讲师提问时的主动性如何？

很强(　　)　强(　　)　一般(　　)　差(　　)

(12)学员在培训结束进行考核时，对本次培训内容的掌握程度如何？

很好(　　)　好(　　)　一般(　　)　差(　　)

(13)你对学员在本次培训过程中的整体评价如何？

很好(　　)　好(　　)　一般(　　)　差(　　)

十、培训者自我评估调查问卷

说明：你对本次培训的意见是非常重要的，请完整而诚实地回答。谢谢你的配合。

(1)你在本次培训活动中的主要任务是什么？

(2)你认为你在本次培训活动中任务完成情况如何？

(3)你认为你在本次培训活动中哪些方面表现得比较出色?

(4)你认为你在本次培训活动中哪些方面做得不够好?

(5)你将如何改进自己的工作?

(6)你认为在本次培训活动中你的同事中有哪些做得较好?

(7)你认为在本次培训活动中你的同事中有哪些做得还有待改进?

(8)你认为你的同事的培训应该怎样改善?

(9)你认为本次培训的安排有哪些合理的方面?

(10)你认为本次培训的安排有哪些不合理的方面?

(11)你认为本次培训不合理的地方应该如何改进?

(12)对于本次培训取得的效果而言，你认为投入的时间和费用值得吗?为什么?

十一、导师能力评估表

下页表内列有的主要的导师行为，有助于确认正规的技能评估的重点。一览表的设计旨在使观察者便于对教学进行评议，但有些导师也许希望选择两三个大项目进行评估，并在自我评估的同时，请一位学员(或同事)按确定的大项目独立评估自己的教学，也可以录像并与自我评估进行比较。此种比较有助于指出导师在自我感觉中存在的偏差。

经挑选的各大项目应照下列标准评分：

0 = 须在大范围内提高技能；

1 = 须在某范围内提高技能；

2 = 操作合格或熟练；

3 = 技能操作优良或出色。

导师能力评估表

导师活动	有效的导师行为	评分			
吸引学员注意	(1)对学员表示欢迎	0	1	2	3
	(2)形成友好而讲求实际的气氛	0	1	2	3
	(3)表现出对讲授主题的热情	0	1	2	3

（续表）

导师活动	有效的导师行为	评分			
介绍主题	(1)清楚说明本课目的	0	1	2	3
	(2)描述本课结构	0	1	2	3
	(3)分发概要并告诉学员对他们的期望	0	1	2	3
	(4)说明主题的意义	0	1	2	3
	(5)把本主题与学员既有知识和经验联系起来	0	1	2	3
解释主题	(1)使用合理的、有组织的方法	0	1	2	3
	(2)阐明主要术语	0	1	2	3
	(3)解释清楚而简要	0	1	2	3
	(4)涵盖主要特点	0	1	2	3
	(5)说明整体与局部的关系	0	1	2	3
	(6)看重强调要点	0	1	2	3
	(7)变换讲话速度	0	1	2	3
善于使用教与学的辅助设备资料	(1)使用各种媒介来产生不同的激励因素	0	1	2	3
	(2)选用适合此目的的媒介	0	1	2	3
	(3)有效地使用设备	0	1	2	3
	(4)保证使全体学员看得到教辅设备所示内容	0	1	2	3
	(5)在适当时候分发资料	0	1	2	3
抓住学员兴趣	(1)显示出持续的热情	0	1	2	3
	(2)提供与主体相关的有趣例子	0	1	2	3
有效地提问及回答问题	(1)清楚简要地提问	0	1	2	3
	(2)引导学员的思考	0	1	2	3
	(3)让学员有时间回答问题	0	1	2	3
	(4)细心聆听学员反应	0	1	2	3
	(5)使用试探法诱使学员作出更多反应	0	1	2	3
	(6)在适当时候重复并归纳学员的反应	0	1	2	3
	(7)清楚回答学员的问题	0	1	2	3
组织学员参与	(1)规定和主题相宜的作业任务	0	1	2	3
	(2)规定适于学员能力的作业任务	0	1	2	3
	(3)规定适于班组数目及规模的作业任务	0	1	2	3
	(4)使学员的活动和交往类型多样化	0	1	2	3

（续表）

导师活动	有效的导师行为	评分			
组织学员参与	(5)分发清楚作业任务并落实责任	0	1	2	3
	(6)监测学员进步情况	0	1	2	3
	(7)对学员的学习提供建设性的意见	0	1	2	3
善于使用时间	(1)准时开始	0	1	2	3
	(2)显示上课有计划性	0	1	2	3
	(3)在适当处偏离计划	0	1	2	3
	(4)准时结束	0	1	2	3
结束授课	(1)复述并归纳要点	0	1	2	3
	(2)分发阅读资料清单	0	1	2	3
	(3)对以后的学习作出清楚指示	0	1	2	3
	(4)确认学员的成就	0	1	2	3

第五章

培训部作业表单

第一节　培训需求分析表单

一、培训需求调查表单

（一）生产人员技能现状调查表

生产人员技能现状调查表

<table>
<tr><td colspan="2">生产人员总数</td><td></td><td colspan="6">其中：生产工人_____人；专业技术人员_____人</td></tr>
<tr><td rowspan="2">序号</td><td rowspan="2" colspan="2">项目分类</td><td colspan="3">生产工人</td><td colspan="2">专业技术人员</td><td rowspan="2">其他</td></tr>
<tr><td>初级工</td><td>中级工</td><td>高级工</td><td>技师</td><td>高级技师</td></tr>
<tr><td rowspan="4">1</td><td colspan="2">生产人员</td><td></td><td></td><td></td><td></td><td></td><td></td></tr>
<tr><td colspan="2">平均年龄</td><td></td><td></td><td></td><td></td><td></td><td></td></tr>
<tr><td colspan="2">在岗平均工作年限</td><td></td><td></td><td></td><td></td><td></td><td></td></tr>
<tr><td colspan="2">男女比例</td><td></td><td></td><td></td><td></td><td></td><td></td></tr>
<tr><td rowspan="3">2</td><td colspan="2">持职业资格证人数</td><td></td><td></td><td></td><td></td><td></td><td></td></tr>
<tr><td colspan="2">平均年龄</td><td></td><td></td><td></td><td></td><td></td><td></td></tr>
<tr><td colspan="2">男女比例</td><td></td><td></td><td></td><td></td><td></td><td></td></tr>
<tr><td>3</td><td colspan="2">基本文化程度</td><td></td><td></td><td></td><td></td><td></td><td></td></tr>
<tr><td>4</td><td colspan="2">培训机构情况</td><td colspan="6">□自有培训机构　□无培训机构，外培</td></tr>
<tr><td>5</td><td colspan="2">技术工人来源渠道</td><td colspan="6">□自办培训机构培训　□委托培训机构培训　□招聘</td></tr>
<tr><td>6</td><td colspan="2">培训经费提取情况</td><td colspan="6">□未提取　□1.5%以下　□1.5%~2.5%　□2.5%以上</td></tr>
</table>

单位负责人：　　　　　　　　　　　　填报日期：

(二)组织培训需求自查表

组织培训需求自查表

自查项目：基本项目	优	良	中	低	差
1.信息：组织是否建立了畅通的信息系统，内外信息是否全面快速地得到传递					
2.营销：组织是否能够根据环境的变化不断调整营销政策并得到很好的贯彻					
3.人力：组织是否能够根据企业发展目标的需要不断调整结构和人力配置					
4.管理：组织是否制定了适合自身需要的管理机制并得到了很好的贯彻执行，且能够根据不同时期进行必要调整					
自查项目：计划职能	优	良	中	低	差
1.目标：组织是否制定明确的发展目标，并能够不断检讨，员工对此是否都清楚					
2.策略：组织是否根据发展目标制定相应的发展策略，并能够不断检讨					
3.行动计划：组织是否制订了整体可行的长期、中期和短期工作行动计划，并能够不断检讨					
4.销售：组织是否在深入分析市场形式的基础上制订现实可行的长期、中期和短期销售计划，并能不断检讨					
5.产品：组织在产品管理方面是否有明确的长期、中期和短期计划，并能够不断检讨					
6.人员：组织是否制订长期、中期和短期的人员开发、储备计划，并能够在实施中不断检讨					
7.资本：组织是否制订长期、中期和短期的资金及资金管理计划，并能够不断检讨					
8.同步：组织内部各部门之间的工作计划是否同步					
9.总结：组织内部是否具有全面的阶段性工作总结，工作总结是否得到认真的对待					
自查项目：组织职能	优	良	中	低	差
1.架构：组织架构设计是为了完成组织目标进行的吗					
2.职能：每个部门都具有明确的职能吗？部门之间的职能是否存在重叠或漏项的问题					

（续表）

自查项目：组织职能	优	良	中	低	差
3.权利与责任：每个人清楚各自的权利和责任吗？其详细程度如何					
4.标准：每个人是否清楚工作目标的标准化量化描述的程度					
5.行为：组织制定了每个人都清楚的内部行为标准吗					
6.条件：对于组织内部的每一个岗位人员的条件(知识、技能、态度)进行明确的描述，并能够在内部形成竞争上岗的环境吗					
7.流程：对于组织内部上下级之间的工作流程和部门之间的工作流程进行科学化、合理化设计，并能够严格按照流程执行吗					
8.纪律：组织内部是否规定了明确的奖励或惩罚制度，并具有详细的执行标准？能够执行吗					
9.报酬：组织内部是否具有合理的薪酬体系并能够体现多劳多得和公平公正的原则					
10.绩效：组织内部是否进行定期的绩效评估，并对绩效评估的结果能够合理利用					
11.创新：组织中是否鼓励创新？对于合理创新所导致的失败是否被认为正常					
12.领导：组织内部管理是否能对其上司负责，并且对其管辖的人员负全面责任					
自查项目：指挥职能	**优**	**良**	**中**	**低**	**差**
1.目标：领导者是否使每个人都明确共同的目标，并指挥其为共同目标的实现分别行动					
2.时间：领导者是否能合理地安排工作时间，并对相关工作岗位的时间进行有效的安排					
3.通告：组织中的相关人员是否可以及时获悉来自组织内部或外部的信息					
4.会议：组织内部的会议是否能够真正解决问题，小组会议、部门会议是否充满开放的气氛					
5.参与：管理者是否让工作相关者参与一起进行工作计划制订和发现问题、提出解决问题的方法					
6.激励：管理者是否鼓励开诚布公？是否能在下属产生懈怠或丧失信心之前就采取令大家感到振奋的措施					

（续表）

自查项目：指挥职能	优	良	中	低	差
7.指导：在下属工作不顺利的情况下，领导者是否能够给予恰当的工作指导					
8.批评：管理者在下属工作出现问题的时候，是否细心分析问题出现的原因和导致的不利后果，帮助下属改进					
9.表扬：工作出色能否得到领导和他人的承认					
10.晋升：组织中每个人的晋升是否都是因为工作出色、业务突出，且让晋升者具有成就感					
自查项目：协调职能	**优**	**良**	**中**	**低**	**差**
1.政令协调：领导者是否能够很好地协调组织内部出现的不同意见					
2.计划协调：组织内部各部门之间的工作计划是否能步调一致，没有脱节					
3.行动协调：各部门之间或部门内部工作时，是否能够以大局为重，进行必要的配合					
4.关系协调：领导者是否能够很好地处理各部门之间因考虑各自利益而产生的矛盾					
5.疑问处理：当下属在工作中出现无法解决的问题并向上级提出意见及请求指示时，领导者是否及时给予答复					
6.信息传递：部门之间、上下级之间的文件、通知等各种信息传达是否准确、及时					
7.自我管理：组织内部是否强调自我管理意识和自我发现问题和解决问题的能力					
8.变化协调：领导者是否能够对环境的变化产生快速反应并采取适当的方法					
自查项目：控制职能	**优**	**良**	**中**	**低**	**差**
1.控制职责：组织内部是否明确管理者的控制职责，是否充分利用人力资源、财务审计等职能来强化控制能力					
2.控制方法：是否经常对员工工作进行必要的检查及绩效考核					
3.控制标准：检查员工工作和绩效考核是否与各部门或员工的本职工作职责有关					
4.事前、事中、事后控制：组织控制做到了全程控制吗					

（续表）

自查项目：控制职能	优	良	中	低	差
5.控制力度：组织控制职能的工作重点是否以影响组织目标实现的程度为标准					
6.控制频率：组织内部监督、检查等控制行为是否尽可能减少对工作的影响					
7.控制工具：在开展有关控制行为采取的方法和工具易于使用和理解吗					
8.控制成本：开展有关的控制工作产生的效益足以抵消控制工作本身的开销吗					
9.控制结果：进行绩效考核、检查等控制工作后，其结果得到重视了吗					
10.控制改善：对于控制工作中发现的问题得到改进了吗					

（三）职位培训需求分析表

职位培训需求分析表

<table>
<tr><td>部门</td><td></td><td>职称</td><td></td><td>日期</td><td></td></tr>
<tr><td colspan="6">该职位的工作要求：</td></tr>
<tr><td colspan="6">基本培训或应读资料</td></tr>
<tr><td colspan="6">1.
2.
3.
4.
……</td></tr>
<tr><td colspan="6">专业培训或应读资料</td></tr>
<tr><td colspan="6">1.
2.
3.
4.
……</td></tr>
</table>

（续表）

管理培训或应读资料
1. 2. 3. 4. 5. ……
提升培训或应读资料
1. 2. 3. 4. 5. ……

二、培训需求分析表单

（一）培训需求分析表

培训需求分析表

S：能力杰出；M：达到工作要求标准；D：需要改善				
企划能力	S	M	D	说明
提升改善能力				
激发创意能力				
运用新观念				
收集整理资讯				
分析资料、提出建议				
目标企划				

（续表）

组织能力	S	M	D	说明
组织能力				
甄选人才				
人力运用				
授权				
指导与协调	S	M	D	说明
辅导下属				
培训及发展下属				
口才				
主持会议的能力				
写作能力				
随时向上司报告工作进度				
与下属随时保持联系				
通过他人完成工作任务				
被同事所接受				
替他人制定工作标准				
控制	S	M	D	说明
掌握业务的运作过程				
追踪考核				
评估业务成效				
成本控制				
品质控制				
扩大收益				
其他				

(二)培训需求分析调查表

培训需求分析调查表

编号：

<table>
<tr><td>被调查者姓名</td><td colspan="2"></td><td colspan="3">部门</td><td colspan="2"></td></tr>
<tr><td>职位</td><td colspan="2"></td><td colspan="3">岗位名称</td><td colspan="2"></td></tr>
<tr><td>调查时间</td><td colspan="7">年　月　日至　年　月　日</td></tr>
<tr><td colspan="8">观察记录</td></tr>
<tr><td rowspan="2">项目</td><td rowspan="2">内容</td><td colspan="5">评价</td><td rowspan="2">评价者</td></tr>
<tr><td>优秀</td><td>较好</td><td>普通</td><td>较差</td><td>极差</td></tr>
<tr><td rowspan="5">专业知识</td><td>1.业务知识</td><td></td><td></td><td></td><td></td><td></td><td rowspan="5"></td></tr>
<tr><td>2.行业基本情况</td><td></td><td></td><td></td><td></td><td></td></tr>
<tr><td>3.竞争对手情况</td><td></td><td></td><td></td><td></td><td></td></tr>
<tr><td>4.客户情况</td><td></td><td></td><td></td><td></td><td></td></tr>
<tr><td>5.</td><td></td><td></td><td></td><td></td><td></td></tr>
<tr><td rowspan="5">工作技能</td><td>1.人际沟通技巧</td><td></td><td></td><td></td><td></td><td></td><td rowspan="5"></td></tr>
<tr><td>2.谈判技巧</td><td></td><td></td><td></td><td></td><td></td></tr>
<tr><td>3.聆听与谈话技巧</td><td></td><td></td><td></td><td></td><td></td></tr>
<tr><td>4.问题处理</td><td></td><td></td><td></td><td></td><td></td></tr>
<tr><td>5.</td><td></td><td></td><td></td><td></td><td></td></tr>
<tr><td rowspan="6">工作态度</td><td>1.工作主动性</td><td></td><td></td><td></td><td></td><td></td><td rowspan="6"></td></tr>
<tr><td>2.合作意识</td><td></td><td></td><td></td><td></td><td></td></tr>
<tr><td>3.遵守规章制度</td><td></td><td></td><td></td><td></td><td></td></tr>
<tr><td>4.出勤情况</td><td></td><td></td><td></td><td></td><td></td></tr>
<tr><td>5.学习意识</td><td></td><td></td><td></td><td></td><td></td></tr>
<tr><td>6.</td><td></td><td></td><td></td><td></td><td></td></tr>
<tr><td rowspan="2">其他方面</td><td>1.</td><td></td><td></td><td></td><td></td><td></td><td rowspan="2"></td></tr>
<tr><td>2.</td><td></td><td></td><td></td><td></td><td></td></tr>
</table>

（续表）

填表说明： (1)考核内容可根据被观察者的具体情况作适当调整。 (2)评价者包括培训管理者、被观察者主管和被观察者同事。 (3)评价者可直接在对应栏目打“√”。
问题说明：
改善建议：
备注：

（三）职位分析记录表

职位分析记录表

编号：

姓名			部门			
职位			岗位名称			
任务分析记录						
职责	执行频率	绩效标准	执行环境	所需技能	学习训练场地	……
问题说明：						
希望的培训项目：						

填写人：　　　　　　　　　　　　　　　　时间：

(四)培训需求信息汇总表

培训需求信息汇总表

编号: 时间:

部门:

填表说明:根据实际情况在相应的表格里填写或打"✓"

培训类别	主要课程	部门是否需要通过这项课程提高工作效率			是否给员工安排这类培训			这项课程需要掌握到哪种深度			课程需要安排多少个小时讲授	培训安排在本年的哪个时间段较合适	需要接受培训的人数	由谁来组织培训活动			
		需要	说不清	不需要	是	可能	不	熟练掌握	基本掌握	略知				公司	部门	专业人员	外训

第二节 培训计划编制

一、培训预算制订表单

(一)年度培训费用预算表

年度培训费用预算表

内容	对象	方式	教材费(元)	课时		课时费标准(元/每课时)	课时费(元)	合计(元)	备注
				内部	外部				
基础知识	新进员工	讲课讲授							新进一个星期
规章制度	所有员工	讲课讲授							每月两课时
企业文化、行为规范	所有员工	讲课讲授							每月三课时
绩效管理	管理人员	讲课讲授							7月以前
基本管理技能	一线管理人员	小组讨论							用手提电脑
生产技能	生产系统人员	讨论授课交流							含顾问费
安全知识	安全系统人员	开会交流							含顾问费
品质知识	品质人员	讲课讲授							
设备管理	设备操作员	授课作业							系统费另计
其他									机动
合计									

（二）培训经费申请表

培训经费申请表

部门：　　　　　　　　　　　　　　　　　　　　　　　年　月　日

<table>
<tr><td colspan="2">申请部门</td><td colspan="2"></td><td colspan="2">培训课程</td><td></td></tr>
<tr><td colspan="7">项目费用细目</td></tr>
<tr><td colspan="2">项目</td><td colspan="3">费用</td><td colspan="2">备注</td></tr>
<tr><td></td><td></td><td colspan="3"></td><td colspan="2"></td></tr>
<tr><td></td><td></td><td colspan="3"></td><td colspan="2"></td></tr>
<tr><td></td><td></td><td colspan="3"></td><td colspan="2"></td></tr>
<tr><td>合计</td><td></td><td colspan="3"></td><td colspan="2"></td></tr>
<tr><td colspan="7">审核</td></tr>
<tr><td colspan="2">审核人</td><td colspan="2">日期</td><td colspan="2">审核人</td><td>日期</td></tr>
<tr><td colspan="2"></td><td colspan="2"></td><td colspan="2"></td><td></td></tr>
</table>

（三）培训项目设计与开发费用表

培训项目设计与开发费用表

单位：元

培训项目设计与开发费用明细	费用预算
1.培训项目设计、开发人员的工资福利费用	
2.餐费、差旅费、杂费	
3.办公用品费用	
4.项目费用明细	
(1)书本、资料费	
(2)电脑使用费、网络费	
(3)音像费(录像带、CD、胶片、幻灯片、录音带、图片等)	
(4)其他费用	
5.打印、复印费用	
6.咨询、顾问费	
7.设备购买或租用费	
8.其他费用	
总费用	

二、培训计划表单

(一) 在职员工技能培训计划表

在职员工技能培训计划表

培训班名称		本年度举办班数		培训地点		
培训目的						
培训对象		培训人数		培训时间		
教学目标						
培训科目	科目名称	授课时间	教师姓名	教学大纲	教材来源	备注
培训方式	1.上课实习同时进行：每日上课____小时，实习____小时 2.上课与实习分别进行：上课____周(月)；每日____小时 3.全部培训时间在现场实习：每日____小时 4.讲授方式：□讲课 □座谈 □讨论					
培训进度	周次	培训内容摘要			备注	

(二)个人外部培训申请表

个人外部培训申请表

<table>
<tr><td>姓名</td><td></td><td>部门</td><td></td><td>职位</td><td></td></tr>
<tr><td>需求课程</td><td colspan="5"></td></tr>
<tr><td>备注</td><td colspan="5"></td></tr>
<tr><td colspan="6">申请说明</td></tr>
<tr><td colspan="6">我个人希望参加上述机构所举办的培训，培训课程细目如下，所需经费希望由公司负担，此项培训必能增加我未来的工作效率。其中的课程训练时间如有任何改变，我必依照公司规定通知有关部门。期间个人如触犯任何公司规则，愿意由公司扣除本人薪水以抵缴公司代付的学费。</td></tr>
<tr><td rowspan="6">课程内容</td><td>名称</td><td>日期（起）</td><td>日期（迄）</td><td colspan="2">学费</td></tr>
<tr><td></td><td></td><td></td><td colspan="2"></td></tr>
<tr><td></td><td></td><td></td><td colspan="2"></td></tr>
<tr><td></td><td></td><td></td><td colspan="2"></td></tr>
<tr><td></td><td></td><td></td><td colspan="2"></td></tr>
<tr><td></td><td></td><td></td><td colspan="2"></td></tr>
<tr><td rowspan="3">审核</td><td>姓名</td><td>日期</td><td>姓名</td><td colspan="2">日期</td></tr>
<tr><td></td><td></td><td></td><td colspan="2"></td></tr>
<tr><td></td><td></td><td></td><td colspan="2"></td></tr>
</table>

（三）班组培训申请表

班组培训申请表

<table>
<tr><td>申请单位</td><td colspan="3"></td><td>时间</td><td colspan="2"></td></tr>
<tr><td>培训执行人</td><td colspan="3"></td><td>培训地点</td><td colspan="2"></td></tr>
<tr><td>申请班组负责人</td><td colspan="3"></td><td>培训方式</td><td colspan="2"></td></tr>
<tr><td colspan="7">预定参加人员</td></tr>
<tr><td colspan="7"></td></tr>
<tr><td colspan="7">培训目标</td></tr>
<tr><td colspan="7"></td></tr>
<tr><td colspan="7">培训内容及课程概述</td></tr>
<tr><td colspan="7"></td></tr>
<tr><td colspan="7">培训预计所需经费</td></tr>
<tr><td colspan="7"></td></tr>
<tr><td rowspan="3">审
核</td><td>姓名</td><td>日期</td><td>姓名</td><td>日期</td><td>姓名</td><td>日期</td></tr>
<tr><td></td><td></td><td></td><td></td><td></td><td></td></tr>
<tr><td></td><td></td><td></td><td></td><td></td><td></td></tr>
</table>

（四）员工培训课程报表

员工培训课程报表

<table>
<tr><td>课程名称</td><td colspan="2"></td><td>课程编号</td><td></td></tr>
<tr><td>项目</td><td>举办日期</td><td>培训时数</td><td colspan="2">参加人数</td></tr>
<tr><td>计划</td><td></td><td></td><td colspan="2"></td></tr>
<tr><td>实际</td><td></td><td></td><td colspan="2"></td></tr>
<tr><td rowspan="6">培训
费用</td><td>项目</td><td>预算费用</td><td>实际金额</td><td>备注</td></tr>
<tr><td>课时费</td><td></td><td></td><td></td></tr>
<tr><td>教材费</td><td></td><td></td><td></td></tr>
<tr><td>其他</td><td></td><td></td><td></td></tr>
<tr><td>合计</td><td></td><td></td><td></td></tr>
<tr><td rowspan="3">培训检讨
及呈核</td><td>学员意见</td><td colspan="3"></td></tr>
<tr><td>讲师意见</td><td colspan="3"></td></tr>
<tr><td>财务部</td><td></td><td>培训部</td><td></td></tr>
</table>

经理： 审核： 制表：

(五)公司培训计划表

公司培训计划表

月份	培训项目	培训者	培训对象	课时(小时)	地点	备注
1	公司管理制度培训	部门管理者	全体员工	5	本部门	
2	员工礼貌礼节、行为规范培训	部门管理者	全体员工	5	本部门	
3	品质管理技术	品质部经理	有关人员	18	培训室	
4	目标管理技术	总经理	主管级以上人员	5	培训室	
5	5S培训	副总经理	管理级人员	6	培训室	
6	团队精神训练	培训导师	部分员工	7	户外训练	
7	会议组织技巧	总经理	主管级以上人员	4	培训室	
8	机器保养与安全生产	生产部经理	管理级人员	4	培训室	
9	培训者课程	培训经理	管理级人员	18	培训室	
10	沟通与激励	培训导师	经理级以下督导	6	培训室	
11	仓储管理流程	仓储部经理	仓储部全体员工	8	培训室	
12	采购作业流程	采购部经理	采购部全体员工	7	培训室	
每月例行	新员工入职培训	培训导师	当月新入职员工	18	培训室	

（六）个人培训计划表

个人培训计划表

<table>
<tr><td rowspan="3">受训人员</td><td>姓名</td><td></td><td>培训时间</td><td></td><td rowspan="3">辅导专员</td><td>姓名</td><td></td></tr>
<tr><td>学历</td><td></td><td>年龄</td><td></td><td>单位</td><td></td></tr>
<tr><td>专长</td><td></td><td>证件号</td><td></td><td>职称</td><td></td></tr>
<tr><td>项次</td><td>培训时间</td><td>培训天数</td><td>培训项目</td><td>培训单位</td><td colspan="2">培训员</td><td>培训日程及内容</td></tr>
<tr><td>1</td><td></td><td></td><td></td><td></td><td colspan="2">职称
姓名</td><td></td></tr>
<tr><td>2</td><td></td><td></td><td></td><td></td><td colspan="2">职称
姓名</td><td></td></tr>
<tr><td>3</td><td></td><td></td><td></td><td></td><td colspan="2">职称
姓名</td><td></td></tr>
<tr><td>4</td><td></td><td></td><td></td><td></td><td colspan="2">职称
姓名</td><td></td></tr>
<tr><td>5</td><td></td><td></td><td></td><td></td><td colspan="2">职称
姓名</td><td></td></tr>
</table>

经理：　　　　　　　　　　审核：　　　　　　　　　　制表：

（七）季度培训计划表

季度培训计划表

序号	部门	培训项目	培训目标	地点	学员	培训者	培训课时	方法	何时培训	备注

（八）月度培训计划表

月度培训计划表

序号	课程名称	课时安排	授课方式	授课人	授课时间	参加人员	考核方式

编制人：　　　　　　　　　　　　审核人：

（九）新员工培训计划表

新员工培训计划表

编号：　　　　　　　　　　　　　　　　拟订日期：

<table>
<tr><td rowspan="3">受训人员</td><td>姓名</td><td></td><td>培训期间</td><td>月　日至　月　日止</td><td rowspan="3">辅导员</td><td>姓名</td><td></td></tr>
<tr><td>学历</td><td></td><td rowspan="2">训练专题</td><td rowspan="2"></td><td>部门</td><td></td></tr>
<tr><td>专长</td><td></td><td>职称</td><td></td></tr>
</table>

项次	培训期间	培训天数	培训项目	培训部门	培训员	培训日程及内容
1	月　日至 月　日止	天			职称： 姓名：	
2	月　日至 月　日止	天			职称： 姓名：	
3	月　日至 月　日止	天			职称： 姓名：	
4	月　日至 月　日止	天			职称： 姓名：	
5	月　日至 月　日止	天			职称： 姓名：	

经理：　　　　　　　　　　　　　　　审核：

（十）员工入职培训教学计划书

员工入职培训教学计划书

编号：　　　　　　　　　　　　　　　　　　　　　　　　年　　月　　日

<table>
<tr><td>培训项目</td><td colspan="4"></td></tr>
<tr><td>培训对象</td><td></td><td>人数</td><td colspan="2"></td></tr>
<tr><td>培训时间</td><td colspan="4">年　　月　　日至　　年　　月　　日</td></tr>
<tr><td colspan="5">教学计划</td></tr>
<tr><td>项目</td><td>内容</td><td>教学方式</td><td>教学工具与资料</td><td>教学时间</td></tr>
<tr><td></td><td></td><td></td><td></td><td></td></tr>
<tr><td></td><td></td><td></td><td></td><td></td></tr>
<tr><td></td><td></td><td></td><td></td><td></td></tr>
</table>

制表人：　　　　　　　　　　　　　　　　审阅人：

（十一）员工培训计划表

员工培训计划表

培训编号：　　　　　　　　　　　　　　　培训人员：

<table>
<tr><td>培训名称</td><td colspan="3"></td><td>培训时间</td><td colspan="5">自　　　　　　　　　至</td></tr>
<tr><td colspan="10">培训课程时数及负责人</td></tr>
<tr><td>课程</td><td colspan="2">培训时间</td><td>负责人</td><td colspan="2">起讫时间</td><td>课程</td><td>培训时间</td><td>负责人</td><td>起讫时间</td></tr>
<tr><td></td><td colspan="2"></td><td></td><td colspan="2"></td><td></td><td></td><td></td><td></td></tr>
<tr><td></td><td colspan="2"></td><td></td><td colspan="2"></td><td></td><td></td><td></td><td></td></tr>
<tr><td colspan="10">参加人员：　　　　　　　　共　　　　　人。名单如下：</td></tr>
<tr><td></td><td></td><td></td><td></td><td></td><td></td><td></td><td></td><td></td><td></td></tr>
<tr><td></td><td></td><td></td><td></td><td></td><td></td><td></td><td></td><td></td><td></td></tr>
<tr><td colspan="2">预计费用</td><td></td><td></td><td></td><td></td><td></td><td></td><td></td><td></td></tr>
<tr><td colspan="2">每人分摊费用</td><td></td><td></td><td></td><td></td><td></td><td></td><td></td><td></td></tr>
</table>

批准：　　　　　　　　　　　　审核：　　　　　　　　　　制表：

（十二）企业中高层拓展培训计划表

企业中高层拓展培训计划表

<table>
<tr><th>阶段</th><th colspan="2">培训题目</th><th>课程时间</th><th>训导师</th><th>备注</th></tr>
<tr><td rowspan="4">第一阶段</td><td colspan="2">成建制培训，对部门经理及以上管理者进行管理知识的系统培训</td><td></td><td></td><td>每门课都要考核，课堂教学采取互动式教学法和案例教学法</td></tr>
<tr><td>1</td><td></td><td></td><td></td><td></td></tr>
<tr><td>2</td><td></td><td></td><td></td><td></td></tr>
<tr><td>3</td><td></td><td></td><td></td><td></td></tr>
<tr><td rowspan="4">第二阶段</td><td colspan="2">企业内部培训阶段，结合企业实际情况对部门经理级以上人员进行有针对性的培训</td><td></td><td></td><td>进行解决实际问题的培训，重点强调培训成果转化工作</td></tr>
<tr><td>1</td><td></td><td></td><td></td><td></td></tr>
<tr><td>2</td><td></td><td></td><td></td><td></td></tr>
<tr><td>3</td><td></td><td></td><td></td><td></td></tr>
<tr><td rowspan="3">第三阶段</td><td colspan="2">考察培训和拓展培训。将理论知识和实践相结合，通过体验式培训达成共识，并形成团队的合力</td><td></td><td></td><td></td></tr>
<tr><td>1</td><td></td><td></td><td></td><td>所有部门经理级以上人员必须参加，并作为考核评估的内容</td></tr>
<tr><td>2</td><td></td><td></td><td></td><td>将部门经理分为两个考察组分别由总经理和副总经理带队</td></tr>
<tr><td>第四阶段</td><td></td><td>培训总结、考核、评估。根据前一阶段的各项培训工作，采取多种方式进行总结、考核和评估</td><td></td><td></td><td>企业决策者对评估结果进行分析，公开表彰和评估总结</td></tr>
</table>

（续表）

阶段	培训题目		课程时间	训导师	备注
第五阶段	全员培训阶段，即岗前培训				制定严格的培训评估与管理制度，并严格按制度执行，不合格者不能上岗
	1				
	2				
	3				
第六阶段		此阶段是分部门进行的部门技能培训阶段。由部门制订详细的培训计划，上报培训部审核备案并严格按计划实施培训，培训部进行督导检查			
第七阶段		此阶段是全员考核评估阶段。以技术比赛的形式进行考核评估，掀起技术训练高潮，为开业做好准备			

（十三）培训规划表

培训规划表

部门		姓名	
科室		职务	
培训地点	培训日期	培训时间	培训经费
签名		日期	
签名		日期	

第三节　培训组织及实施

一、员工培训组织表单

（一）个人培训记录表

个人培训记录表

<table>
<tr><th colspan="5">个人培训记录</th></tr>
<tr><td rowspan="8">入厂前</td><td>培训课程</td><td>时间（年、月）</td><td>课时（小时）</td><td>地点</td></tr>
<tr><td></td><td></td><td></td><td></td></tr>
<tr><td></td><td></td><td></td><td></td></tr>
<tr><td></td><td></td><td></td><td></td></tr>
<tr><td></td><td></td><td></td><td></td></tr>
<tr><td></td><td></td><td></td><td></td></tr>
<tr><td></td><td></td><td></td><td></td></tr>
<tr><td></td><td></td><td></td><td></td></tr>
<tr><td rowspan="7">入厂后</td><td></td><td></td><td></td><td></td></tr>
<tr><td></td><td></td><td></td><td></td></tr>
<tr><td></td><td></td><td></td><td></td></tr>
<tr><td></td><td></td><td></td><td></td></tr>
<tr><td></td><td></td><td></td><td></td></tr>
<tr><td></td><td></td><td></td><td></td></tr>
<tr><td></td><td></td><td></td><td></td></tr>
</table>

姓名：　　　　　　　　部门：　　　　　　　职位：

(二)新员工培训课程安排表

新员工培训课程安排表

时间		内容	培训者	教材
第一天	10：00～10：20	“破冰”游戏		
	10：20～11：00	公司介绍		员工手册
	11：00～11：10	休息		
	11：10～11：30	公司的经营哲学和理念		讲座
	11：30～13：00	公司布局		员工手册及幻灯片
	13：00～14：00	午餐		
	14：00～15：00	安全教育		CD—ROM
	15：00～16：00	公司组织结构与沟通程序		员工手册
第二天	9：30～10：00	复习		
	10：00～10：20	总经理致辞		
	10：20～12：20	电话沟通技巧		员工手册
	12：20～13：00	公司的运作方式		员工手册
	13：00～14：00	午餐		
	14：00～14：20	公司工会章程		
	14：20～15：20	公司政策与程序		员工手册
	15：20～16：00	公司的规章制度		员工手册
第三天	10：00～10：20	复习		员工手册
	10：20～11：30	沟通技巧与客户投诉处理		员工手册
	11：30～13：00	商业礼仪技巧		员工手册
	13：00～14：00	午餐		
	14：00～15：00	公司消防与安全		员工手册
	15：00～16：00	参观公司		

（三）培训课程计划书

培训课程计划书

项目	内容
1.课程名称	经理级培训讲座
2.开课时间	
3.主要内容	1.企业经营管理创新 (1)设施创新 (2)设备创新 (3)服务创新 (4)营销创新 (5)管理创新 2.企业经营战略连接 (1)经营愿景和价值观 (2)经营战略三要素 (3)战略连接 (4)案例分析
4.培训对象	各部门经理、总监、副总经理、总经理
5.培训方法	讲座、案例分析、讨论、答疑
6.训导师介绍	（略）

(四)5S课程培训计划

5S课程培训计划

<table>
<tr><td>培训项目</td><td colspan="3">5S基本理念与推行实务</td></tr>
<tr><td>培训目的</td><td colspan="3">增强基层主管与骨干员工现场管理技能与素质</td></tr>
<tr><td>讲师</td><td></td><td>培训对象</td><td></td></tr>
<tr><td>培训地点</td><td></td><td>培训总人数</td><td></td></tr>
<tr><td>培训时间</td><td></td><td>培训预算</td><td></td></tr>
<tr><td colspan="4">培训日程安排</td></tr>
<tr><td>时间</td><td>主要内容</td><td>培训方法</td><td>讲师</td></tr>
<tr><td></td><td></td><td></td><td></td></tr>
<tr><td></td><td></td><td></td><td></td></tr>
<tr><td></td><td></td><td></td><td></td></tr>
<tr><td></td><td></td><td></td><td></td></tr>
<tr><td></td><td></td><td></td><td></td></tr>
<tr><td></td><td></td><td></td><td></td></tr>
<tr><td></td><td></td><td></td><td></td></tr>
<tr><td colspan="2">审批意见：

总经理签名：
年　月　日</td><td colspan="2">审批意见：

主管签名：
年　月　日</td></tr>
</table>

（五）新员工培训日程计划表

新员工培训日程计划表

材料分发 在作出了录用决策之后，应及早下发职前培训材料： (1)新员工的主管人员领到一本叫做“员工手册”的小册子 (2)新员工领到职前培训计划 **报到前** 在此阶段中，由主管人员与新员工保持接触，帮助他们解决吃住问题，并同他们讨论之后，进行工作设计和草拟基本的目标管理清单。同时，为新员工准备好办公地点，一切就绪后通知公司。最后，与新员工约好下次会面的时间
第1天 在这重要的一天里，新员工将与他们的主管人员共进早餐，然后办理人事部门所要求的一系列手续。在这之后，他们参加一个讨论会并与讨论会主持人共进午餐。他们还要阅读为新员工准备的“员工手册”，参观公司并被引见给他们的同事们 **第1周** 在这周一内，新进员工要 (1)与主管人员、同事及专家进行一对一的面谈 (2)学习在工作中做什么、怎么做和为什么做 (3)回答“员工手册”中的问题 (4)加入某一团体 (5)参与并实施主管人员帮其制订的目标管理计划
第2周 新员工开始承担正式任务 **第3周和第4周** 新员工要参加一个社团的讨论会和关于员工福利的讨论会(他们的配偶或其他客人可能也会应邀参加) **从第2个月到第5个月** 在此期间新员工的工作任务和强度逐渐加大。新员工的主管人员要对他们工作的进展情况每两周作一次检查。新进员工还要参加6次两小时的讨论会(有关质量及产量、技术、工作绩效管理和工资报酬计划、财务和战略、员工关系、平等就业机会及各种社会变化)；新员工还要回答“员工手册”和讨论会上的问题，并将答案交与主管人员检查
第6个月 新员工已找到了“员工手册”中问题的全部答案，他们和主管人员一起检查目标管理清单，参与工作绩效检查；他们获得了第一阶段职前培训结业证书，并着手做第二阶段职前培训计划 **从第7个月到第15个月** 在此期间新员工要完成第二阶段职前培训、各部门职前教育、各种专业培训、目标管理检查、工作绩效检查和薪酬检查

（六）新员工技能评定表

新员工技能评定表

<table>
<tr><td colspan="3" rowspan="4">姓名：　学历：
经历：
出生日期：
入职时间：
籍贯：　身体状况：
身高：　左眼视力：
体重：　右眼视力：</td><td colspan="15">级别</td><td rowspan="2">说明</td></tr>
<tr><td colspan="3">A</td><td colspan="3">B</td><td colspan="3">C</td><td colspan="3">D</td><td colspan="3">E</td></tr>
<tr><td colspan="2">起止</td><td rowspan="2">天数</td><td colspan="2">起止</td><td rowspan="2">天数</td><td colspan="2">起止</td><td rowspan="2">天数</td><td colspan="2">起止</td><td rowspan="2">天数</td><td colspan="2">起止</td><td rowspan="2">天数</td><td rowspan="18">训练天数级别：
A级：1天
B级：1.5～3天
C级：3.5～5.5天
D级：6～7天
E级：10天以上(E级即为淘汰等级)</td></tr>
<tr><td>月日</td><td>月日</td><td>月日</td><td>月日</td><td>月日</td><td>月日</td><td>月日</td><td>月日</td><td>月日</td><td>月日</td></tr>
<tr><td></td><td>工作项目</td><td>标准</td><td></td><td></td><td></td><td></td><td></td><td></td><td></td><td></td><td></td><td></td><td></td><td></td><td></td><td></td><td></td></tr>
<tr><td>1</td><td></td><td></td><td></td><td></td><td></td><td></td><td></td><td></td><td></td><td></td><td></td><td></td><td></td><td></td><td></td><td></td><td></td></tr>
<tr><td>2</td><td></td><td></td><td></td><td></td><td></td><td></td><td></td><td></td><td></td><td></td><td></td><td></td><td></td><td></td><td></td><td></td><td></td></tr>
<tr><td>3</td><td></td><td></td><td></td><td></td><td></td><td></td><td></td><td></td><td></td><td></td><td></td><td></td><td></td><td></td><td></td><td></td><td></td></tr>
<tr><td>4</td><td></td><td></td><td></td><td></td><td></td><td></td><td></td><td></td><td></td><td></td><td></td><td></td><td></td><td></td><td></td><td></td><td></td></tr>
<tr><td>5</td><td></td><td></td><td></td><td></td><td></td><td></td><td></td><td></td><td></td><td></td><td></td><td></td><td></td><td></td><td></td><td></td><td></td></tr>
<tr><td>6</td><td></td><td></td><td></td><td></td><td></td><td></td><td></td><td></td><td></td><td></td><td></td><td></td><td></td><td></td><td></td><td></td><td></td></tr>
<tr><td>7</td><td></td><td></td><td></td><td></td><td></td><td></td><td></td><td></td><td></td><td></td><td></td><td></td><td></td><td></td><td></td><td></td><td></td></tr>
<tr><td>8</td><td></td><td></td><td></td><td></td><td></td><td></td><td></td><td></td><td></td><td></td><td></td><td></td><td></td><td></td><td></td><td></td><td></td></tr>
<tr><td>9</td><td></td><td></td><td></td><td></td><td></td><td></td><td></td><td></td><td></td><td></td><td></td><td></td><td></td><td></td><td></td><td></td><td></td></tr>
<tr><td>10</td><td></td><td></td><td></td><td></td><td></td><td></td><td></td><td></td><td></td><td></td><td></td><td></td><td></td><td></td><td></td><td></td><td></td></tr>
<tr><td>11</td><td></td><td></td><td></td><td></td><td></td><td></td><td></td><td></td><td></td><td></td><td></td><td></td><td></td><td></td><td></td><td></td><td></td></tr>
<tr><td>12</td><td></td><td></td><td></td><td></td><td></td><td></td><td></td><td></td><td></td><td></td><td></td><td></td><td></td><td></td><td></td><td></td><td></td></tr>
<tr><td>13</td><td></td><td></td><td></td><td></td><td></td><td></td><td></td><td></td><td></td><td></td><td></td><td></td><td></td><td></td><td></td><td></td><td></td></tr>
<tr><td>14</td><td></td><td></td><td></td><td></td><td></td><td></td><td></td><td></td><td></td><td></td><td></td><td></td><td></td><td></td><td></td><td></td><td></td></tr>
<tr><td>15</td><td></td><td></td><td></td><td></td><td></td><td></td><td></td><td></td><td></td><td></td><td></td><td></td><td></td><td></td><td></td><td></td><td></td></tr>
</table>

(七) 员工在职培训记录表

员工在职培训记录表

项次	培训时职位	培训课程名称	课程编号	培训日期	时数	累积时数	成绩	评核记录
1								
2								
3								
4								
5								
6								
7								
8								
9								
10								

(八) 新进员工培训背景资料统计表

新进员工培训背景资料统计表

入职日期：

姓名	性别	年龄	学历	入职前工作单位和职位	入职后工作部门和职位

制表人： 制表日期：

二、员工培训实施表单

（一）员工培训签到表

员工培训签到表

部门：培训部　　　　　　　　　　　　　　　　　　　　制作日期：

项目 姓名	企业背景	企业知识	办公规则	员工手册	电话礼仪	工作意识	申诉方法	消防常识	参观企业
导师签名									

（二）员工培训报告书

员工培训报告书

年　月　日

<table>
<tr><td>培训名称及编号</td><td></td><td>参加人员姓名</td><td></td></tr>
<tr><td>培训时间</td><td></td><td>培训地点</td><td></td></tr>
<tr><td>培训方式</td><td></td><td>使用资料</td><td></td></tr>
<tr><td>培训师姓名及简介</td><td></td><td>主办单位</td><td></td></tr>
<tr><td rowspan="4">培训人员意见</td><td colspan="3">受训心得和对本公司的建议</td></tr>
<tr><td colspan="3"></td></tr>
<tr><td colspan="3">对下次派员参加本训练课程的建议事项</td></tr>
<tr><td colspan="3"></td></tr>
<tr><td>主办单位意见</td><td colspan="3"></td></tr>
</table>

总经理：　　　　副总经理：　　　　经理：　　　　厂长：　　　　主办单位：

(三)员工培训记录表

员工培训记录表

部门：　　　　　　　　　　　　　　　　　　　　　年度：

姓名	1			2			3			费用合计
	培训名称	期间	费用	培训名称	期间	费用	培训名称	期间	费用	

(四)员工培训进展记录表

员工培训进展记录表

<table>
<tr><td colspan="6">姓名：　　　　性别：　　　　年龄：　　　　入职日期：　　　　年　月　日</td></tr>
<tr><td colspan="6">地址：</td></tr>
<tr><td colspan="4">培训日期</td><td rowspan="2">培训项目</td><td rowspan="2">进展状况记录</td></tr>
<tr><td>天数</td><td>日</td><td>时</td><td>分</td></tr>
<tr><td>1</td><td></td><td></td><td></td><td></td><td></td></tr>
<tr><td>2</td><td></td><td></td><td></td><td></td><td></td></tr>
<tr><td>3</td><td></td><td></td><td></td><td></td><td></td></tr>
<tr><td>4</td><td></td><td></td><td></td><td></td><td></td></tr>
<tr><td colspan="4">班长考核</td><td colspan="2"></td></tr>
<tr><td colspan="4">组长考核</td><td colspan="2"></td></tr>
<tr><td colspan="4">主管考核</td><td colspan="2"></td></tr>
<tr><td colspan="4">人事备案</td><td colspan="2"></td></tr>
</table>

主管：　　　　　　　　组长：　　　　　　　　制表：

（五）在职培训计划表

在职培训计划表

部门： 单位： 年 月 日

<table>
<tr><th rowspan="2">课程编号</th><th rowspan="2">培训科目</th><th rowspan="2">培训对象</th><th rowspan="2">参加人数</th><th colspan="4">举办日期</th><th rowspan="2">地点</th><th rowspan="2">培训师</th><th rowspan="2">课时费</th><th rowspan="2">教材费</th><th rowspan="2">其他</th><th rowspan="2">费用合计</th><th rowspan="2">备注</th></tr>
<tr><th>年</th><th>月</th><th>日</th><th>时</th></tr>
<tr><td></td><td></td><td></td><td></td><td></td><td></td><td></td><td></td><td></td><td></td><td></td><td></td><td></td><td></td><td></td></tr>
<tr><td></td><td></td><td></td><td></td><td></td><td></td><td></td><td></td><td></td><td></td><td></td><td></td><td></td><td></td><td></td></tr>
<tr><td></td><td></td><td></td><td></td><td></td><td></td><td></td><td></td><td></td><td></td><td></td><td></td><td></td><td></td><td></td></tr>
<tr><td></td><td></td><td></td><td></td><td></td><td></td><td></td><td></td><td></td><td></td><td></td><td></td><td></td><td></td><td></td></tr>
<tr><td></td><td></td><td></td><td></td><td></td><td></td><td></td><td></td><td></td><td></td><td></td><td></td><td></td><td></td><td></td></tr>
<tr><td></td><td></td><td></td><td></td><td></td><td></td><td></td><td></td><td></td><td></td><td></td><td></td><td></td><td></td><td></td></tr>
<tr><td colspan="15">附注：未列入年度培训计划者需呈核签</td></tr>
</table>

审核		财务部		人事部		培训部		单位申请人	

一式三联：(1)单位 (2)培训部 (3)财务部

（六）在职培训效果报告书

在职培训效果报告书

<table>
<tr><th>部门</th><th>项目</th><th>班次</th><th>人数</th><th>时间</th><th>费用</th><th>备注</th></tr>
<tr><td rowspan="2"></td><td>预定</td><td></td><td></td><td></td><td></td><td rowspan="2"></td></tr>
<tr><td>实际</td><td></td><td></td><td></td><td></td></tr>
<tr><td rowspan="2"></td><td>预定</td><td></td><td></td><td></td><td></td><td rowspan="2"></td></tr>
<tr><td>实际</td><td></td><td></td><td></td><td></td></tr>
<tr><td rowspan="2"></td><td>预定</td><td></td><td></td><td></td><td></td><td rowspan="2"></td></tr>
<tr><td>实际</td><td></td><td></td><td></td><td></td></tr>
</table>

主管： 制表： 单位： 培训部： 财务部：

本表一式三联：第一联交单位；第二联交培训部；第三联交财务部

（七）员工培训总结表

员工培训总结表

姓名	优点	缺点	考核结果	推荐部门岗位

评估人：培训部

备注：从新员工的语言能力、个性（性格）、学历、主动性与积极性、自律性、形象等方面进行评估。

（八）员工培训考试成绩单

员工培训考试成绩单

部门：　　　　　　　　　　培训课程：　　　　　　　　　　考试日期：

<table>
<tr><th>编号</th><th>姓名</th><th>分数</th><th>编号</th><th>姓名</th><th>分数</th></tr>
<tr><td>1</td><td></td><td></td><td>7</td><td></td><td></td></tr>
<tr><td>2</td><td></td><td></td><td>8</td><td></td><td></td></tr>
<tr><td>3</td><td></td><td></td><td>9</td><td></td><td></td></tr>
<tr><td>4</td><td></td><td></td><td>10</td><td></td><td></td></tr>
<tr><td>5</td><td></td><td></td><td>11</td><td></td><td></td></tr>
<tr><td>6</td><td></td><td></td><td>…</td><td></td><td></td></tr>
<tr><td colspan="2">财务部</td><td>人事部</td><td colspan="2">培训部</td><td>单　位</td></tr>
<tr><td colspan="2"></td><td></td><td colspan="2"></td><td></td></tr>
</table>

主管：　　　　　　　　　　　　　制表：

(九)员工培训档案

员工培训档案

编号：　　　　　　　　　　　　　　　　　　　　　　　人力资源部制

姓名		性别		出生年月		身份证号码	
学历		专业		所属部门		职位	

培训时间	培训内容	培训机构	取得证书	所在部门	所在岗位	备注

人力资源部评语： 签名： 年　月　日	所在部门评语： 签名： 年　月　日

(十)常用培训设备及教具一览表

常用培训设备及教具一览表

<table>
<tr><th rowspan="2">名称</th><th colspan="2">是否使用</th><th colspan="3">设备来源</th><th rowspan="2">使用数量</th><th rowspan="2">预计使用时间</th><th rowspan="2">使用天数</th><th rowspan="2">准备人</th><th rowspan="2">设备状况记录</th></tr>
<tr><th>是</th><th>否</th><th>内部设备</th><th>外租</th><th>外借</th></tr>
<tr><td>投影仪</td><td></td><td></td><td></td><td></td><td></td><td></td><td></td><td></td><td></td><td></td></tr>
<tr><td>幕布</td><td></td><td></td><td></td><td></td><td></td><td></td><td></td><td></td><td></td><td></td></tr>
<tr><td>录像机</td><td></td><td></td><td></td><td></td><td></td><td></td><td></td><td></td><td></td><td></td></tr>
<tr><td>摄像机</td><td></td><td></td><td></td><td></td><td></td><td></td><td></td><td></td><td></td><td></td></tr>
<tr><td>电视</td><td></td><td></td><td></td><td></td><td></td><td></td><td></td><td></td><td></td><td></td></tr>
<tr><td>个人电脑</td><td></td><td></td><td></td><td></td><td></td><td></td><td></td><td></td><td></td><td></td></tr>
<tr><td>麦克风</td><td></td><td></td><td></td><td></td><td></td><td></td><td></td><td></td><td></td><td></td></tr>
<tr><td>影碟机</td><td></td><td></td><td></td><td></td><td></td><td></td><td></td><td></td><td></td><td></td></tr>
<tr><td>扬声器</td><td></td><td></td><td></td><td></td><td></td><td></td><td></td><td></td><td></td><td></td></tr>
<tr><td>聚光笔</td><td></td><td></td><td></td><td></td><td></td><td></td><td></td><td></td><td></td><td></td></tr>
<tr><td>录音笔</td><td></td><td></td><td></td><td></td><td></td><td></td><td></td><td></td><td></td><td></td></tr>
<tr><td>录音机</td><td></td><td></td><td></td><td></td><td></td><td></td><td></td><td></td><td></td><td></td></tr>
<tr><td>展示板</td><td></td><td></td><td></td><td></td><td></td><td></td><td></td><td></td><td></td><td></td></tr>
<tr><td>白板</td><td></td><td></td><td></td><td></td><td></td><td></td><td></td><td></td><td></td><td></td></tr>
<tr><td>马克笔</td><td></td><td></td><td></td><td></td><td></td><td></td><td></td><td></td><td></td><td></td></tr>
<tr><td>多功能插座</td><td></td><td></td><td></td><td></td><td></td><td></td><td></td><td></td><td></td><td></td></tr>
<tr><td>姓名牌</td><td></td><td></td><td></td><td></td><td></td><td></td><td></td><td></td><td></td><td></td></tr>
<tr><td>白纸</td><td></td><td></td><td></td><td></td><td></td><td></td><td></td><td></td><td></td><td></td></tr>
<tr><td>游戏道具</td><td></td><td></td><td></td><td></td><td></td><td></td><td></td><td></td><td></td><td></td></tr>
<tr><td>小礼品</td><td></td><td></td><td></td><td></td><td></td><td></td><td></td><td></td><td></td><td></td></tr>
<tr><td>条幅</td><td></td><td></td><td></td><td></td><td></td><td></td><td></td><td></td><td></td><td></td></tr>
<tr><td>培训资料</td><td></td><td></td><td></td><td></td><td></td><td></td><td></td><td></td><td></td><td></td></tr>
<tr><td>证书</td><td></td><td></td><td></td><td></td><td></td><td></td><td></td><td></td><td></td><td></td></tr>
</table>

第四节　培训效果评估及反馈

一、培训效果调查评估

（一）员工培训成绩评核表

员工培训成绩评核表

项目	第1次评价	第2次评价
本企业的经营理念		
1.了解本企业的经营理念		
2.随口能背出经营理念		
3.会逐渐喜欢经营理念		
4.以经营理念为荣		
5.以经营理念为主题，写出感想		
本企业的存在意义		
1.了解本企业的社会存在意义		
2.了解本企业的社会使命		
3.了解何谓利益		
4.了解创造利益的重要		
5.了解什么是工资与福利		
本企业的组织、特征		
1.以简单的图解表示出企业的组织		
2.了解各部门的主要业务		
3.了解本企业的产品		
4.能说出本企业产品的特征		
5.能说出本企业的资本额、市场比例等数字		

（续表）

项目	第1次评价	第2次评价
热爱本企业的精神		
1.了解本企业的历史概况		
2.了解本企业创业者的信念		
3.了解本企业的传统		
4.喜欢本企业的代表颜色或标志		
5.由内心产生对本企业的热忱		
业界的理解		
1.能说出本企业所属的业界		
2.了解业界的现状		
3.了解本企业在业界的地位		
4.能提出如何提高本企业在业界的地位		
5.十分关心业界的整体动向		

（二）员工培训调查表

员工培训调查表

你对入职培训（课程）的期待是什么 1. 2. 3.
你希望得到什么样的培训 1. 2. 3.
你希望自己的个性怎样得到尊重（即希望别人如何看待你）
理想中的你是怎么一个样子（你怎样描绘自己）

（续表）

你理想中的上司应是怎样
举出两位你喜欢与之工作的同事，从这些人身上，哪些品质使你喜欢？你与他们共事时有什么样的感触
在工作或学习中，你有什么与众不同的地方？你是如何去表现所负的责任
你最想了解企业哪些方面的事情？请列出三件 1. 2. 3.
你认为企业的发展前途应是如何
你可为企业做哪些事情？请列出三件 1. 2. 3.

（三）员工培训课堂记录评估表

员工培训课堂记录评估表

部门	姓名	企业概况	办公规则产品知识	电话礼仪	薪酬与升迁	申诉方法	消防常识与紧急救助	参观企业
导师签名								

制作：培训部　　　　　　　　　　　　　　　　日期：

（四）员工意见调查表

员工意见调查表

培训课程名称：____________________

主办部门：____________________

说明：

1.本表请受训学员详实填写，并请于培训结束时交予主办部门

2.请在选答项目方框内打“✓”

3.请受训学员给予率直的反映及批评，这样可以帮助主办部门培训计划有所改进

(1)课程内容如何

□优　□好　□尚可　□劣

(2)教学方法如何

□优　□好　□尚可　□劣

(3)讲习时间是否适当

□太长　□适合　□不足

(4)参加此次讲习感到有哪些受益

□获得适用的新知识

□学到可以用在工作的一些有效的技巧及技术

□将帮助学员改变自己的工作态度

□将帮助学员印证了某些观念

□给学员一个很好的机会，客观地观察自身以及工作情况

(5)培训设备安排感到如何

□优　□好　□尚可　□劣

(6)将来如有类似的班次，你还愿意参加吗

□是　□否　□不确定

(7)其他建议事项

____

____

____

____

(五) 员工培训效果调查表

员工培训效果调查表

绩效标准	很好	略好	无改变	略差	很差	不知道
1.生产的数量(工作量的提高)						
2.生产的质量(工作质量的提高)						
3.生产安全						
4.环境维护						
5.员工的态度及士气						
6.员工出勤情况						
7.						
8.						

填表部门： 填表人：

说明：请在各项目的对应栏内打“✓”。

(六) 员工培训一级评估表

员工培训一级评估表

课题：________________ 姓名：__________ 学历：__________

公司：________________ 部门：__________ 职位：__________

时间：________年_____月____日 电话：________________________

e-mail：____

企业性质：□外资 □民营 □国有 合资合作(□中资控股 □外资控股 □其他)

请你填妥以下1～12项内容，若能附以简单的说明文字更佳。无论建议或是意见，无论赞赏(高分)或批评(低分)，我们将衷心感谢你的宝贵意见，并在今后的工作中悉心完善。(请在选项上面打“✓”)

一、课程方面 最好 ——→ 最劣

1.本课程是否达到你的期望值 ⑥—⑤—④—③—②—①

2.讲师讲解与主题对应程度 ⑥—⑤—④—③—②—①

3.讲师对专业知识的掌握程度 ⑥—⑤—④—③—②—①

（续表）

4.讲师解答问题的能力　⑥—⑤—④—③—②—①

5.讲师的授课技巧　⑥—⑤—④—③—②—①

6.讲师的案例分析能力　⑥—⑤—④—③—②—①

7.讲师讲解清楚生动　⑥—⑤—④—③—②—①

8.学习材料是否好学易用　⑥—⑤—④—③—②—①

9.练习、讨论、游戏设计是否适当　⑥—⑤—④—③—②—①

10.课程内容是否对你目前和将来工作有所启发　⑥—⑤—④—③—②—①

二、整体感受

1.参加本次课程感到有哪些受益

□获得适用的新知识　□给你一个与其他同事有益的交流机会

□可以获得一些可操作的工作技巧　□将帮助我改变我的工作态度

□给你一些新的思想、概念　□对你所在的企业运作有所帮助

2.你对本次培训的整体满意度？　⑥—⑤—④—③—②—①

3.请你思考一分钟后，用1～3句话写下你参加此次培训(讲座)后的收获

____

____

4.你认为本课程内容方面最适用的部分是：________________

你认为本课程内容方面最不适用的部分是：________________

你认为本课程资料方面最适用的部分是：________________

你认为本课程资料方面最不适用的部分是：________________

5.你希望增加哪些培训附加服务：____________________

____

6.你是否会向朋友推荐本课程：

姓名：________　职位：________　单位：________

电话：________　传真：________　e-mail：________

请你填完后交给工作人员或离场时放于桌面，谢谢！

（七）培训对象评价问卷

培训对象评价问卷

姓名(可不签名)：__________ 课程：__________ 评价时间：__________

(1)到目前为止，你已经参加了多少次培训活动

请圈出：1　2　3　4　5　6　7　8

(2)对本培训课程，你觉得怎样

优 ________ 良 ________ 中________ 差________

(3)你觉得本课程最有效的一点是什么

(4)你认为本课程哪一点最没有帮助

(5)请在下列项目上填上优、良、中、差：

教室设施__________ 所用资料__________

教师水平__________ 你的参与__________

学员讨论__________ 课程计划方式__________

(6)你觉得是否应再次开设本课程？

是________ 否________

(7)请在你同意的描述前打“√”(你不一定只打“√”一个)。

□学到了许多对学习者有帮助的东西

□学到了许多东西，但是本课程的方法对学习者的帮助不会持久

□内容太难，不过学习者正尽力吸收

□觉得本课程过于简单化，不过还是学到了一些东西

□不想一直学下去

□培训师讲得认真，不过学习者似乎没有学到什么东西

□培训师讲得一般，不过学习者总算学到了一些东西

□培训对象发言太多

□培训对象没有机会发言

□对本课程很满意

(8)培训师对课程内容的掌握

优 ________ 良 ________ 中________ 差________

(9)培训师授课水平

优 ________ 良 ________ 中________ 差________

(10)课程的方式和组织水平

优 ________ 良 ________ 中________ 差________

（续表）

(11)你最喜欢课堂上的哪一点?最讨厌哪一点 ________ ________ ________
(12)你为什么学习本课程 ________ ________ ________
(13)你认为你从本课程学到了什么 ________ ________ ________
(14)本课程是否满足了你的愿望?如果是，达到了何种程度?如果没有，为什么 ________ ________ ________
(15)请写下你认为对本培训活动有帮助的任何建议和批评 ________ ________ ________ ________

（八）培训课程评价表

培训课程评价表

姓名：　　　　部门：　　　　日期：

评价项目	很差	差	一般	好	很好
	5	1	2	3	4
1.对他人赞扬的技巧					
2.自我批评的技巧					
3.对不同沟通方法运用的技巧					
4.倾听他人谈话的技巧					
5.与自己最讨厌的人沟通的技巧					
6.与攻击自己的人沟通的技巧					
7.当你情绪产生波动时，运用沟通技巧的程度					
8.运用沟通技巧有效反驳他人无理要求的技巧					
9.与不同类型人的沟通的技巧					
10.正确表述的能力					
11.解释自己观点、反驳他人观点的能力					
12.思而后言					
13.经得起沉默					
沟通技巧的总判断：					

（九）培训组织情况调查问卷

培训组织情况调查问卷

培训项目：________ 评估时间：________

请在你认为相符合的内容后的括号中打"√"。谢谢你的合作

(1)在参加本次培训之前，你的培训需求受关注程度如何

很高( ) 高( ) 一般( ) 差( )

(2)在举行本次培训活动前，培训计划的安排对你的意见关注程度

很高( ) 高( ) 一般( ) 差( )

(3)在参加培训之前，你得到及时通知的情况

很好( ) 好( ) 一般( ) 差( )

(4)在参加培训之前，你得到的通知对于了解本次培训各项安排的帮助程度

很高( ) 高( ) 一般( ) 差( )

(5)你觉得本次培训就餐安排情况如何

很好( ) 好( ) 一般( ) 差( )

(6)你觉得本次培训交通安排情况如何

很好( ) 好( ) 一般( ) 差( )

(7)你觉得本次培训住宿安排情况如何

很好( ) 好( ) 一般( ) 差( )

(8)在本次培训正式开始之前，你对本次培训的组织安排工作的印象如何

很好( ) 好( ) 一般( ) 差( )

(9)在本次培训结束后，你对本次培训组织安排情况的印象如何

很好( ) 好( ) 一般( ) 差( )

(10)你希望今后的培训在组织方面应该怎样改进

____

____

____

____

二、培训效果反馈

(一) 员工培训反馈表

员工培训反馈表

<table>
<tr><td colspan="2">培训名称及编号</td><td></td><td>受训学员姓名</td><td></td></tr>
<tr><td colspan="2">培训时间</td><td></td><td>培训地点</td><td></td></tr>
<tr><td colspan="2">培训方式</td><td></td><td>使用资料</td><td></td></tr>
<tr><td colspan="2">培训者姓名</td><td></td><td>主办单位</td><td></td></tr>
<tr><td rowspan="3">培训后反馈信息</td><td rowspan="3">受训学员意见</td><td colspan="3">1.课程安排是否合理
2.所学内容与工作联系是否密切
3.主管是否支持本次培训
4.对所学内容是否感兴趣
5.所学内容能否用于工作中
6.对培训师的授课方式是否满意
7.培训师授课是否认真
8.培训师是否能够针对学员特点安排课堂活动</td></tr>
<tr><td colspan="3">受训后可应用于本企业的建议</td></tr>
<tr><td colspan="3">对企业下次派员参加本培训课程的建议</td></tr>
</table>

（二）后续培训评估建议书

后续培训评估建议书

<table>
<tr><td>姓名</td><td></td><td>部门</td><td colspan="4"></td></tr>
<tr><td colspan="2">进入本企业工作时间</td><td colspan="5"></td></tr>
<tr><td colspan="2">从事本岗位工作时间</td><td colspan="5"></td></tr>
<tr><td colspan="2">评估内容</td><td>好</td><td>较好</td><td>一般</td><td>差</td><td>备注</td></tr>
<tr><td colspan="2">1.学习态度</td><td></td><td></td><td></td><td></td><td></td></tr>
<tr><td colspan="2">2.守时</td><td></td><td></td><td></td><td></td><td></td></tr>
<tr><td colspan="2">3.参与性</td><td></td><td></td><td></td><td></td><td></td></tr>
<tr><td colspan="2">4.表达能力</td><td></td><td></td><td></td><td></td><td></td></tr>
<tr><td colspan="2">5.自我表现力</td><td></td><td></td><td></td><td></td><td></td></tr>
<tr><td colspan="2">6.专业知识和技能</td><td></td><td></td><td></td><td></td><td></td></tr>
<tr><td colspan="2">7.竞争意识</td><td></td><td></td><td></td><td></td><td></td></tr>
<tr><td colspan="2">8.职业特点</td><td></td><td></td><td></td><td></td><td></td></tr>
<tr><td colspan="7">受训者在此次培训中反映出的问题：
1.理论方面

2.专业技能方面

3.理论与实践相结合的程度

4.其他方面</td></tr>
</table>

<table>
<tr><td colspan="5">后续培训计划建议</td></tr>
<tr><td>培训项目</td><td>最佳培训时间建议</td><td>培训方法建议</td><td>培训形式建议</td><td>备注(每项培训实施的具体时间段)</td></tr>
<tr><td></td><td></td><td></td><td></td><td></td></tr>
<tr><td></td><td></td><td></td><td></td><td></td></tr>
<tr><td colspan="5">评估人：
日　期：</td></tr>
</table>

(三)员工培训反映评估调查表

员工培训反映评估调查表

评估内容	评估等级(5为最高级)				
	5	4	3	2	1
一、培训需求评估					
1.培训内容是否符合你的培训需求或兴趣					
2.培训前是否收到过相关培训信息					
二、培训内容评估					
1.培训内容的系统性					
2.培训内容的实用性					
3.培训内容的创新性					
4.培训的互动性					
5.案例的适用性及说服力					
6.培训目标的明确性					
7.培训教材的使用情况					
8.课程难易程度的把握					
三、培训形式评估					
1.培训形式的生动性					
2.教学方法的适用性					
3.课程编排顺序					
4.课程时间的长短					
5.培训设备及教具的使用效果					
四、培训师评估					
1.专业知识					
2.授课技巧					
3.表述的准确程度					

(续表)

<table>
<tr><th rowspan="2">评估内容</th><th colspan="5">评估等级(5为最高级)</th></tr>
<tr><th>5</th><th>4</th><th>3</th><th>2</th><th>1</th></tr>
<tr><td>4.对培训主题的把握程度</td><td></td><td></td><td></td><td></td><td></td></tr>
<tr><td>5.授课方式</td><td></td><td></td><td></td><td></td><td></td></tr>
<tr><td>6.课堂气氛的调节</td><td></td><td></td><td></td><td></td><td></td></tr>
<tr><td>7.知识面</td><td></td><td></td><td></td><td></td><td></td></tr>
<tr><td>8.仪容仪表及仪态</td><td></td><td></td><td></td><td></td><td></td></tr>
<tr><td>9.守时</td><td></td><td></td><td></td><td></td><td></td></tr>
<tr><td>10.解答问题的准确度或满意度</td><td></td><td></td><td></td><td></td><td></td></tr>
<tr><td>11.对授课进度的把握程度</td><td></td><td></td><td></td><td></td><td></td></tr>
<tr><td colspan="6">五、其他</td></tr>
<tr><td>1.你对该培训课程的综合评估</td><td></td><td></td><td></td><td></td><td></td></tr>
<tr><td>2.该课程对你的培训需求产生的影响</td><td></td><td></td><td></td><td></td><td></td></tr>
<tr><td>3.该课程对你工作的指导意义</td><td></td><td></td><td></td><td></td><td></td></tr>
<tr><td>4.你对培训组织者的评估</td><td></td><td></td><td></td><td></td><td></td></tr>
<tr><td>5.你对培训环境的评估</td><td></td><td></td><td></td><td></td><td></td></tr>
<tr><td colspan="6">请提出你的其他建议：</td></tr>
</table>

(四)员工培训前后工作行为自我评估表

员工培训前后工作行为自我评估表

培训前的工作行为自我评估表					
评估内容	评估等级(5为最高级)				
	5	4	3	2	1
1.关注和支持员工能力的培养和开发					
2.积极与员工交谈，将新员工介绍给部门所有员工					
3.能及时发现员工的优点并给予表扬和鼓励					
4.注重与相关部门的沟通，并积极配合相关部门完成工作任务					
5.对员工出现的工作失误能以正确的态度和工作方法帮助其改正					
6.遵守职业道德，以身作则，爱岗敬业					
7.工作中勇于突破传统思维，对新事物、新环境和新观念具有洞察力和创新能力					
8.具有良好的心理承受力和情绪控制力，灵活应变					
培训后的工作行为自我评估表					
评估内容	评估等级(5为最高级)				
	5	4	3	2	1
1.关注和支持员工能力的培养和开发					
2.积极与员工交谈，将新员工介绍给部门所有员工					
3.能及时发现员工的优点并给予表扬和鼓励					
4.注重与相关部门的沟通，并积极配合相关部门完成工作任务					
5.对员工出现的工作失误能以正确的态度和工作方法帮助其改正					
6.遵守职业道德，以身作则，爱岗敬业					
7.工作中勇于突破传统思维，对新事物、新环境和新观念具有洞察力和创新能力					
8.具有良好的心理承受力和情绪控制力					

（五）员工培训行为改善方案格式

员工培训行为改善方案格式

编号：　　　　　　　　　　　　　　　　时间：

姓　名		部　门	
职　位		岗　位	
接受培训项目	1. 2. 3.		
培训成绩记录	1. 2. 3.	4. 5.	
有待改进的问题		行动方案	
知识技能	态度行为	知识技能	态度行为
1. 2. 3. 4. 5. 6. 7.	1. 2. 3. 4. 5. 6. 7.	1. 2. 3. 4. 5. 6. 7.	1. 2. 3. 4. 5. 6. 7.
方案实施时间： 年　月　日至　年　月　日			
方案执行人签字：	主管签字：	人力资源部签字：	

（六）员工培训跟进信息反馈表

员工培训跟进信息反馈表

各部门经理：

你们好！

贵部门的×××按照原定计划已经参加了我部于____年___月___日至___年___月____日组织的×××培训项目，本次培训活动重点学习了以下几个方面的内容：

1.____

2.____

3.____

4.____

为了达到学以致用的目的，请你们在工作中尽力安排其实践的机会，同时请你们细心观察、统计参加培训后的效果，并于3个月后将有关内容汇总填写下表。

谢谢合作！

培训部×年×月×日

<table>
<tr><td>学员姓名</td><td></td><td>培训项目</td><td></td><td>培训时间</td><td></td></tr>
<tr><td colspan="2">培训内容</td><td colspan="2">应用情况</td><td colspan="2">工作成绩</td></tr>
<tr><td colspan="2"></td><td colspan="2"></td><td colspan="2"></td></tr>
<tr><td colspan="2"></td><td colspan="2"></td><td colspan="2"></td></tr>
<tr><td colspan="6">主管总评：

签名：　　　　　　年　　月　　日</td></tr>
</table>

“制造业管理工具库”精品书目

第一体系　HOW-TO企业人手册系列

序号	书目	定价(元)
1	《优秀仓管员手册》（白金版）	20.00
2	《优秀采购员手册》（白金版）	20.00
3	《优秀品管员手册》（白金版）	20.00
4	《优秀员工手册》（白金版）	20.00
5	《优秀班组长手册》（白金版）	20.00
6	《优秀生产主管手册》（白金版）	20.00
7	《优秀跟单员手册》	23.00
8	《优秀报关员手册》	23.00
9	《优秀外贸员手册》	23.00
10	《优秀行政文员手册》	21.80
11	《优秀人事文员手册》	21.80
12	《优秀生产文员手册》	21.80

第二体系　工厂管理简单讲系列

序号	书目	定价(元)
1	《现场管理简单讲》（提升版）	35.00
2	《品质管理简单讲》（提升版）	35.00
3	《物料管理简单讲》（提升版）	35.00
4	《9S管理简单讲》	19.80
5	《安全管理简单讲》	19.80
6	《量规仪器简单讲》	19.80
7	《采购管理简单讲》	19.80
8	《工艺管理简单讲》	19.80
9	《设备管理简单讲》	19.80
10	《目视管理简单讲》	19.80
11	《员工管理简单讲》	19.80
12	《管理方法简单讲》	19.80
13	《过程控制简单讲》	35.00
14	《管理体系简单讲》	36.00
15	《质量工具简单讲》	35.00

第三体系　企业日常管理实操细节系列

序号	书目	定价(元)
1	《现场管理实操细节》	25.00
2	《物料控制实操细节》	23.00
3	《品质控制与改进实操细节》	23.00
4	《外贸与业务跟单实操细节》	23.00
5	《班组管理与作业控制实操细节》	23.00

第四体系　生产管理百问百答系列

序号	书目	定价(元)
1	《生产现场管理百问百答》	18.00
2	《生产监督管理百问百答》	18.00
3	《生产物料控制百问百答》	18.00
4	《生产安全管理百问百答》	18.00
5	《生产品质管理百问百答》	18.00

第五体系　制造业经理人案头手册系列

序号	书目	定价(元)
1	《生产经理案头手册》	48.00
2	《质量经理案头手册》	48.00
3	《技术经理案头手册》	45.00
4	《物控经理案头手册》	49.00

第六体系　制造业规范化管理系列

序号	书目	定价(元)
1	《制造业规范化管理制度》	56.00
2	《制造业规范化管理表单》	55.00
3	《制造业规范化管理流程》	56.00
4	《制造业规范化管理方法》	55.00

第七体系　现场管理图文版系列

序号	书目	定价(元)
1	《浅谈·图解5S运作与管理》	28.00
2	《浅谈·图解生产运作与管理》	28.00
3	《浅谈·图解IE运作与管理》	28.00
4	《浅谈·图解仓储运作与管理》	28.00

第八体系　制造业部门作业指导手册系列

序号	书目	定价(元)
1	《采购部作业指导手册》(附赠光盘)	26.00
2	《仓储部作业指导手册》(附赠光盘)	26.00
3	《培训部作业指导手册》(附赠光盘)	26.00
4	《品质部作业指导手册》(附赠光盘)	26.00
5	《人力资源部作业指导手册》(附赠光盘)	26.00
6	《生产部作业指导手册》(附赠光盘)	26.00
7	《市场部作业指导手册》(附赠光盘)	26.00
8	《物控部作业指导手册》(附赠光盘)	26.00
9	《销售部作业指导手册》(附赠光盘)	26.00
10	《行政部作业指导手册》(附赠光盘)	26.00
11	《研发部作业指导手册》(附赠光盘)	26.00
12	《售后服务部作业指导手册》(附赠光盘)	26.00

第九体系　“工厂问题解决方案”系列

序号	书目	定价(元)
1	《现场改善解决方案》	26.00
2	《TPM推进解决方案》	26.00
3	《安全生产解决方案》	26.00
4	《不良品消除方案》	26.00
5	《合理仓储解决方案》	26.00
6	《生产成本削减方案》	26.00
7	《生产效率提升解决方案》	26.00
8	《委外加工控制解决方案》	26.00

华睿制造业管理工具库
专家团队

专家	简介	专家	简介
史立宣	南开大学MBA，现任中冷光电总经理兼技术总监。15年以上多家国际知名企业（IBM, Flextronics 等）工程技术、研发和制造管理工作经验，主要职位为工程经理、制造和研发经理、总监等。在LED的研发和制造方面有很深的造诣。于2000年获得六西格玛黑带证书，对推行精益生产和六西格玛也颇有心得	**涂高发**	国家注册咨询师、质量管理师、项目管理师、企业运营管理师、中智管理科学研究所副所长，擅长于各类国际认证标准和产品认证的辅导；精通现场及品质管理技术的辅导和培训。有多年的企业高层管理经验，从事咨询行业近10年，先后辅导已通过各类管理体系的企业300余家，并多次特邀为500强企业和集团公司度身订造各种培训
李锋	QMS/EMS/OHSMS国家注册咨询师，曾辅导过夏新、天时达之供应链（诚誉兴光电、捷创高电子科技等）、得润连接器等知名企业，有近500 家企业管理咨询辅导经验。专长于 ISO 9000 / ISO 14000/ OHSMS 18000/ISO 22000/ ISO13485 认证咨询、5S改善活动、目标管理及看板管理、品质管理、流程再造及战略规划	**杨吉华**	国家 OSTA 鉴定企业培训师、美国职业协会 PTT 国际职业培训师、国家注册管理咨询师，有5年的日企品质总监、3年的台资企业生产总监、3年的美资企业上市公司管理体系推行经理的实战经验，数十年潜心研究制造业中基层管理人员的心智模式，对中小企业的管理有独到见解与研究
严凡高	注册认证咨询师/注册 QCC 诊断师/注册 QA 职业经理人，现任中国管理研究院智业产业研究所所长/首席研究员。为华南/华东地区100多家企业提供过优质的咨询服务，咨询范围包括质量管理、管理体系、企业社会责任、人力资源管理等领域。现致力于研究中国智业产业状况，借此推动管理科学传播，促进经济发展	**李家林**	西北大学毕业，CNAT首批国家注册咨询师、中国CCAA三体系认证咨询师。15年的企管辅导生涯，积累了丰富的管理和咨询经验。指导过TS 16949 、ISO 9000、ISO 14000、SA 8000、TL 9000 等国际认证项目。擅长全面质量管理、精益生产、六西格玛管理、业务流程重组、整体管理制度建立、HACCP、CMM 等专题
江艳玲	西安电子科技大学毕业，国家注册认证咨询师。曾任ISO 主任、管理者代表、生产经理、品管副总等职务，长期致力于企业管理和公司现场合理化改善之研究及推行工作，在企业ISO 9000的运行、5S 的推行、QCC、QC 七大手法、生产管理、目标管理、IE 工程、CIS 企业形象识别系统方面有卓著成果	**王能**	北京大学法学学士，ISO 9000、ISO 14000、OHSAS 18000、QC 080000 注册审核员，中国注册高级职业经理人。现任中国管理研究院智业产业研究所高级研究员、英国标准学会（BSI）审核员。咨询与培训的范围包括质量、环境、职业健康与安全、有害物质管理、企业社会责任、人力资源管理等领域
陈锦红	QMS/EMS/OHSMS国家注册咨询师，曾辅导过万利达、雅兰、大华飞捷、方振、合隆、全星、年富等知名企业。专长于ISO 9000 / ISO 14000 / OHSMS 18000/ ISO 22000/ ISO 13485认证咨询、5S改善活动、TPM活动、采购管理、目标管理、品质管理、精益生产、绩效管理、薪酬管理、流程再造及战略规划	**王敬东**	北京理工大学计算机应用专业，辅修工商管理，有40多家企业成功管理咨询经验，曾辅导过皇冠金属、长园新材、南方网电、安吉尔饮水机、福田农批市场、广东省农科院等知名企业。在人力资源管理方面，对各大模块熟知，能够构建较为完善的人力资源管理体系

专家	简介	专家	简介
姜宏锋	厦门大学 MBA，3T(TQM/TPS/TPM)采购与供应链管理讲师；国际供应链与生产运营协会授证中国区首席导师，中国供应链管理网金牌讲师，全国企管委十佳优秀讲师。具有世界500强企业的供应链管理与生产运营先进理念与实战经验；专注于中国生产型企业的精益生产、全面品质零缺陷管理与先进采购模式的整合与贯穿	刘礼武	在职MBA、国家注册企业经营管理师、商业职业经理人、企业管理咨询师，多年来致力于企业的零缺陷管理及企业经营战略研究，现场管理改善和绩效改进，擅长于通过质量成本控制、业绩改进来提高企业的运营效率，创造利润。曾为众多企业提供过管理改进及运营效益改善方面的咨询辅导
车号爽	太原工业大学毕业，高级工程师，国家注册六西格玛黑带。曾担任军工厂质管处处长，军工科研项目负责人。经典课程有：仪器校正及测量系统分析训练、全面质量管理训练、IE工业工程应用实战训练、目视管理与现场改善实战训练、新旧QC七大手法应用训练、质量管理工程师训练	冯俊峰	在职MBA，高级工程师。曾任冶金工业部标准化技术委员会秘书处处长。经典课程有：ISO 9001/ISO 14001内审员资格训练、危险化学品管理资格训练、企业管理人员对戴明P-D-C-A的应用训练、企业管理过程中常见的干部不良行为训练、如何对部下进行绩效评估训练。拥有120多家企业辅导经验，1000多场培训实战经验
李文发	合肥工业大学毕业，高级工程师。曾担任安丰汽车总经办主任、工厂PMC经理、人力资源经理（光华橡胶）等职位。经典课程有：PMC——生产计划与物料管理务实训练、高效仓库与物料管理务实训练、采购谈判与议价训练、优秀采购与供应链管理训练、供应商管理与绩效考核训练，拥有1000多场培训实战经验	贺鹏举	美国AITA认证PTT国际职业培训师、高级讲师。曾任生产经理、外企总经理特助、人力资源经理、生产厂长等多种职务。在企业组织、生产现场管控、人力资源管理、战略方面积累了丰富的实践经验。经典课程有：拒绝任何借口、基层管理干部（杰出班组长）特训班、时间管理、TWI督导人员技能训练营等
殷建斌	湖南大学毕业，在职MBA。曾担任德尔福汽车配件技术部副经理、德昌电机集团高级培训师、伟创力集团特邀五大工具讲师、松下集团特邀TS16949培训讲师。经典课程有：六西格玛绿带训练、TIE全员生产效率改善、实验设计DOE、改善生产的利器——5S与TPM务实训练、质量功能展开——QFD等	赵文彪	国家OSTA鉴定企业培训师、美国职业协会PTT国际职业培训师、ISO 9000注册审核员/ISO 14000注册审核员。曾任港资、台资企业品管经理、总经理助理，对客户验厂有独到见解，咨询领域有：COC验厂、ICTI认证、ISO 9001认证、C-TPAT认证、ISO 14001认证、TS 16949认证、ROHS 认证、C-TPAT认证、ETI认证等

友情提示：

如您在阅读本书的过程中遇到疑问，或在企业管理过程中遇到难题，请e-mail至qiyewenti110@126.com和qiyewenti110@163.com，由我们的专家帮您排忧解难。或直接联系项目总策划李惠玉，联系方式：020-38306446、13802921190，lihuiyu63@163.com.